S. FISCHER

Worte
in finsteren
Zeiten

Herausgegeben von Maren Baier, Sophie von Heppe,
Michael Reinfarth und Oliver Vogel

S. FISCHER

Originalausgabe
Erschienen bei S. FISCHER
© 2023 S. Fischer Verlag GmbH, Hedderichstr. 114,
D-60596 Frankfurt am Main

Umschlaggestaltung: hißmann, heilmann, hamburg
Umschlagabbildung: Frank Mädler
Satz: Dörlemann Satz, Lemförde
Druck und Bindung: CPI books GmbH, Leck
Printed in Germany
ISBN 978-3-10-397642-7

Inhalt

Vorwort 9

Ramy Al-Asheq liest *Asmaa Azaizeh* 13
Khalid Al-Maaly liest *Sargon Boulus* 16
Luna Ali liest *Mahmud Darwish* 19
Luna Ali liest *Hannah Arendt* 21
Götz Aly liest *Joseph Wulf* 22
Carolin Amlinger liest *Kurt Tucholsky* 25
Zsuzsa Bánk liest *Karl Ove Knausgård* 28
Anne Birkenhauer liest *Admiel Kosman* 29
Omri Boehm liest *Nathan Alterman* 31
Mathias Bothor liest *Shadi Hamid* 32
Ingo Bott liest *Robert Frost* 33
Ingo Bott liest *Erich Kästner* 34
Marion Brasch hört *Randy Newman* 35
Alice Brauner liest *Jean Améry* 37
Yevgeniy Breyger liest *Alexander Schnickmann* 38
Katja Brunner liest *Selma Meerbaum-Eisinger* 40
Nuran David Calis liest *Martin Niemöller* 41
Claudia und Uwe Dathe lesen *Ivan Dzjuba* 42
Roman Ehrlich liest *Ingeborg Bachmann* 49
Raquel Erdtmann liest *Salman Rushdie* 51
Jan Faktor liest *Yoram Kaniuk* 54
Julia Franck liest *James Baldwin* 56
Julia Franck liest *Mascha Kaléko* 58
Julia Franck liest *Thomas Brasch* 60
Franz Friedrich liest *Bruno Schulz* 62

Tomer Gardi liest *Aharon Shabtai* 64

Charlotte Gneuß liest *Ingeborg Bachmann* und *Paul Celan* 66

Valeria Gordeev liest *Franz Kafka* 68

Lena Gorelik liest *Hannah Arendt* 70

Joshua Groß liest *Elke Erb* 71

Durs Grünbein liest *Franz Kafka* 73

Katharina Hacker liest *Jehuda Amichai* 79

Ernst-Wilhelm Händler liest *Robert Musil* 81

Petra Hardt liest *Rose Ausländer* 82

Petra Hardt liest *Nelly Sachs* 83

Hadija Haruna-Oelker liest *bell hooks* 85

Josef Haslinger liest *Friedrich Hölderlin* 87

Thomas Hauschild liest *Martin Buber* 88

Sandra Hetzl liest *Mahmud Darwish* 90

Felicitas Hoppe liest *Ossip Mandelstam* 91

Florian Illies liest *Mascha Kaléko* 92

Reinhard Kaiser-Mühlecker liest *Raymond Carver* 94

Margot Käßmann liest die *Bibel* 97

Lothar Kittstein liest das *Siddur Schma Kolenu* 98

Miku Sophie Kühmel liest *Eiichiro Oda* 100

Yves Kugelmann liest *Selma Meerbaum-Eisinger* 101

Irmela von der Lühe liest *Manès Sperber* 103

Paul Maar liest *Hans Christian Andersen* 104

Olga Martynova liest *Paul Celan* 107

Olga Martynova liest *Elias Canetti* 108

Aiman Mazyek hört *Simon & Garfunkel* 109

Aiman Mazyek liest den *Koran* 110

Meron Mendel liest *Jehuda Amichai* 111

Clemens Meyer liest *Andrej Platonow* 112

Nils Minkmar liest *Wendy Cope* 114

Nazih Musharbash liest *Mahmud Darwish* 115

Oliver Nachtwey liest *Oscar Wilde* 119

Necati Öziri liest *James Baldwin*   123

Nadine Olonetzky liest *Colum McCann*   127

Ronya Othmann liest *Friederike Mayröcker*   129

Sharon Dodua Otoo liest *May Ayim*   130

Ulrich Peltzer liest *Giuseppe Ungaretti*   132

Ulrich Peltzer liest *Tomas Tranströmer*   134

Katerina Poladjan liest *Bertolt Brecht*   136

Theresia Prammer liest *Dante Alighieri*   138

Andreas Reckwitz hört *Joni Mitchell*   139

Katja Riemann hört *Shervin Hajipour*   141

Monika Rinck liest *Julia Simon Grinberg*   143

Kathrin Röggla liest *Ilse Aichinger*   145

Gilda Sahebi liest *Maya Angelou*   150

Joachim Sartorius liest *Konstantinos Kavafis*   152

Anna Yeliz Schentke liest *Ingeborg Bachmann*   154

Ferdinand Schmalz liest *Walter Benjamin*   157

Jan Schomburg liest *Udi Aloni*   159

Maria Schrader liest *Jehuda Amichai*   162

Helga Schubert schaut ins *All*   163

Katharina Schultens liest *Andrea Zanzotto*   164

Ingo Schulze liest *Dževad Karahasan*   167

Annette Simon liest *Marie Luise Kaschnitz*   168

Jana Simon liest *Swetlana Alexijewitsch*   169

Thomas Sparr liest *Thomas Brasch*   170

Daniel Speck liest *Daniel Speck*   172

Arnold Stadler liest *Aischylos*   174

Peter Stamm liest *Georges Perec*   175

Thomas von Steinaecker liest *Rainer Maria Rilke*   177

Marlene Streeruwitz liest *Voltaire*   178

Antje Rávik Strubel liest *Mirkka Rekola*   181

Frank Trentmann hört *Richard Strauss*   184

Deniz Utlu liest *Albert Camus*   185

Joseph Vogl liest *Robert Musil*   188

Stephan Wackwitz liest *Ralph Waldo Emerson*   191

Cécile Wajsbrot liest *Virginia Wolf*   192

Stefan Weidner liest *Mahmud Darwish*   194

Harald Welzer liest *Cormac McCarthy*   195

Thomas Wild liest *Ilse Aichinger*   196

Thomas Wild liest *Hannah Arendt*   199

Klaus-Peter Wolf liest *Klaus-Peter Wolf*   202

Uljana Wolf liest *Kim Hyesoon*   204

Mehrdad Zaeri liest *Henry David Thoreau*   206

Wir danken für die Lektüreempfehlungen   207

Vorwort

Viele Menschen haben seit dem 7. Oktober 2023 das Gefühl, keine Worte zu finden. Keine Worte für die neue Gewalt, die durch den Terror der Hamas in Nahost ausgelöst wurde, keine Worte für die zunehmenden gesellschaftlichen Verhärtungen und vor allem keine Worte für die eigene Trauer, Hilflosigkeit, Wut, Müdigkeit angesichts der Kriege und der verzweifelten Menschen überall auf der Welt und in unmittelbarer Nachbarschaft. Keine Worte, die auffangen könnten. Wir möchten versuchen, dem etwas entgegenzusetzen, und haben deshalb Autor:innen und Personen des öffentlichen Lebens gebeten, uns einen Text zu schicken, der ihnen Mut macht, der sie tröstet. Dieser Text kann ein Auszug aus einem Roman oder aus einem Interview sein, es kann sich um ein Gedicht handeln, um einen Brief oder eine Notiz, einen Tagebucheintrag. Er kann in der Antike oder im 21. Jahrhundert geschrieben worden sein.

Es gab so viele so unterschiedliche Antworten auf unsere Frage nach solchen Texten, die dieser Zeit standzuhalten vermögen, die einen zu sich und seinen Gefühlen kommen lassen, auf die man in der Not und angesichts der eigenen Sprachlosigkeit zurückkommen kann und will. Uns wurde immer klarer, wie schwierig das ist, was so einfach aussieht. Eine Autorin schrieb uns, was sie tröste, könne sie nicht teilen, und was sie teilen könne, tröste sie nicht. Sie konnte sich nicht entscheiden und hat auf diese Weise schließlich doch etwas in diesen Wochen Wesentliches geteilt: den Eindruck, mit dem Schmerz und auch mit dem Trost nur für sich sein zu können. Ein anderer Autor schrieb, für ihn sei Trost eine der wichtigsten Aufgaben der Literatur. Er sei schon oft von Literatur und von Kunst getröstet worden. Jetzt aber habe er nicht einen Text im Regal und in seiner Erinnerung gefunden, der ihm nur halbwegs angemessen vorgekommen sei. Das habe ihn verwundert, und er habe es sich damit erklärt, dass die Literatur ihn mehr als Praxis tröste, nicht ein einzelner Text. Wobei er sicher sei, dass es diese Texte gebe, er habe sie doch schon gelesen, könne sie nur jetzt nicht finden.

Vielleicht erzählt diese sehr schnell, nämlich innerhalb einer Woche, entstandene Sammlung auch vom Mut derjenigen, die sich der Aufgabe gestellt haben, mit Ergebnis und ohne. Sie erzählt vom Mut, den es bedeutet, sich und die Trostmöglichkeit zu zeigen – und die darin versteckte Trostlosigkeit angesichts des eigenen Zustands und des Zustands der Welt. Den Zweifel an der Standhaftigkeit dieser Texte und ihrer Macht liest man ja mit, ob man will oder nicht. Und diese Sammlung erzählt von der Strenge, der Konsequenz und Ernsthaftigkeit, die es braucht, Fragen dieser Art zu beantworten, und auch, sie nicht beantworten zu können. Vielleicht ist das die Geschichte, die diese Sammlung erzählt: Wären alle so streng und so ernst beim Beantworten der Aufgaben, die man ihnen stellt, vielleicht wäre dann die Welt schon ein bisschen besser? Und vielleicht ist das der Trost, den einem diese Worte in finsteren Zeiten tatsächlich schenken?

Wir Herausgeber:innen haben es in unserem Anschreiben »eine schlichte, vielleicht kleine Geste, ein Buch mit Sätzen« genannt. Wir danken allen, die sich der Mühe unterzogen haben, über einen Text nachzudenken, der ihnen Beistand bieten kann, und zwar sowohl denen, die uns ihren Text zur Verfügung gestellt haben, als auch denen, die es nicht konnten. Und wir danken allen – im Verlag, den Grafikern, der Setzerei, der Druckerei, der Auslieferung –, die beteiligt waren an diesem Buch.

Oliver Vogel

Ramy Al-Asheq liest
Asmaa Azaizeh

Do not believe me if I talked to you of war

War preoccupies me. But I'm ashamed to write about it. I flagellate my metaphors then implore them. Pain makes me depict a bullet, after which I recede into depicting an emotional slap. I disembowel the words and the Harakiri victims awake, all of them, and disembowel me.

Do not believe me if I talked to you of war, because when I spoke of blood, I was drinking coffee, when I spoke of graves, I was picking yellow daisies in Marj Ibn Amer, when I described the murderers, I was listening to my friends' giggles, and when I wrote about a burnt theatre in Aleppo, I was standing before you in an air-conditioned one.

Do not believe me if I talked to you of war. Because each time I bombarded the city streets in a poem, the concrete would recline, the lamps would sway towards it, and the prophets would pass by in peace.

Whenever I imagined my father's skin flayed in it, I could still touch him afterwards, safe and sound, with an embrace. And whenever I heard my mother's wailing, she would lull me to sleep with an old song, and I would sleep like a baby.

But dreams are open cheques
Signed by a Hourani woman whose features are unknown to me. Except that when my knife misses the lettuce leaf, I could smell the scent of the tribe of blood my grandfather had left in my body and hers.

Dreams are an open cheque, signed by Qasioun's sons who whispered them to me during a reverie, and I couldn't tell whence the mountain's name had sprung without googling it.

The first cheque:
In an obscure crowd, an obscene clarity dawns on me.
In the midst of exquisite engineering of geography's tumult, a bullet quietly passes through me, at my lower back.

The crowd's mystery grows and my ears' windows are shut from within. The hole is as fresh as a spring, the blood is as warm as my mother's voice in a song, and as smooth as my father's skin.

The second cheque:
I was besieged in the world's holiest spot. Bullets rained down on me as did God's words on the prophets.
I seized a stone and it melted in my hands. I overtook the soldiers and time overtook me.
And like a scared kitten, I cowered where a young Christ slumbered before carrying us on his back.

The third cheque:
Fear in the Levant.

Do not believe me when I talk to you of war.
Because I've never heard a bullet shot besides the one my
father threw from his double barreled gun into Marj Ibn
Amer's doves. And I've never scented blood from a wound
except for that which I smelled with my mother the first
time I menstruated.

I do not have an account in the bank of wars, but a
Hourani woman reassured me that my cheques are valid.

Aus dem Arabischen von Yasmine Haj

Aus: https://www.asmaa-azaizeh.com/talk-of-war

Khalid Al-Maaly liest
Sargon Boulus

Zeugen am Ufer

Zu Beginn hören wir das Brausen ...

Zu Beginn
noch bevor wir etwas sahen
als die Kniee der Berge schlotterten
und der verborgene Damm der Welt brach:
Brausend kam er heran
brachte die Türen der Häuser
kam und brachte entwurzelte Bäume
brachte Storchennester und Särge
brachte Wagen und Pferde –
er brachte das Häuschen eines Wächters mit
    aufgesteckter Fahne
einen Hochzeitskleiderschrank mit drei Spiegeln
bevor wir die Wiege sahen
bevor wir sahen
wie die Wiege auf den Wellen trieb
und die Frau hinter der Wiege herschwamm
ihre Augen und ihren schwimmenden Zopf
wer bewahrt die Welt davor, weggeschwemmt
    zu werden
und wer versperrt für uns, mit welchem Stein, die Tür
    der Auferstehung?
Niemand.
Wer bringt uns den Vermißten zurück

wer rettet die Wiege wie ein Vogel aus den Klauen
    des Drachens
oder hilft der ertrinkenden Mutter, zu ihr hinzugelangen
niemand …
Ein einziger Mann warf sich fluchend in die Strömung
der reißende Fluß nahm ihn auf wie ein Schlachtopfer
er kämpfte ein wenig, schrie einmal
und verschwand …

Dies war es, was wir am Morgen der Flut sahen
wir, die Zeugen am Ufer.

Für den Besucher nach dem Jüngsten Tag

Wenn du kommst, um an die Tür zu klopfen
in der letzten Nacht der Geschichte und die Henker
    schon schlafen
auf ihrer Opfer Gliedern
wenn du endlich kommst
um den Traum der unglückseligen Verletzten mit
deinem Segen
wahr werden zu lassen
nach der Sintflut
und dem letzten Kriegsgeschrei …
                und wenn dir Eva aufmacht
schläfrig ihre Augen reibend
dann schieb sie beiseite
und tritt mit dem Schuh
nach dem Kopf der Schlange
(und triff!)

damit sie rasch in die Höhle der Bibel zurückkehrt
dann stecke die Zigarettenkippe
Adam in den Mund
frage dieses Geschöpf warum
und beginne das Verhör ...

Aus: Sargon Boulus: *Zeugen am Ufer. Gedichte* (arabisch-deutsch). Aus dem Arabischen von Khalid Al-Maaly und Stefan Weidner. Verlag Das Arabische Buch, Berlin 1997.

Luna Ali liest
Mahmud Darwish

An einem Tag wie diesem

An einem Tag wie diesem, im versteckten Winkel
Der Kirche, in einer Pracht vollkommener Weiblichkeit
Im Schaltjahr, in der Begegnung des ewigen Grüns
Mit dem Marineblau dieses Morgens, der Begegnung
Des Inhalts mit der Form und des Sinnlichen
Mit dem Mystischen unter einem üppigen Weinspalier
Im Schatten eines kleinen Vogels
Der das Bild strafft des Sinns, und an diesem
Beseelten Ort werde ich
Meinem Ende begegnen und meinem Beginn
Und sagen: Wehe euch beiden! Nehmt mich und lasst
Heil das Herz der Wahrheit für die hungrigen Schakale
Und sagen: Ich bin kein Bürger
Bin Einwanderer nicht
Und ich will nur dies
Nur dieses Eine:
Einen einfachen ruhigen Tod
An einem Tag wie diesem
Im versteckten Winkel der Lilien
Vielleicht entschädigt er mich ein wenig
Für ein Leben, das ich zählte
Minute für Minute
Weggang um Weggang

Nur einen Tod im Garten will ich
Nicht mehr und nicht weniger

Aus: Mahmoud Darwish: *wo du warst und wo du bist*.
Aus dem Arabischen von Adel Karasholi. A1 Verlag,
München 2004.

Luna Ali liest
Hannah Arendt

[… D]ie uns bekannte Welt, die überall an ein Ende [zu] geraten scheint, zu verwüsten droht, bevor wir die Zeit gehabt haben, aus diesem Ende einen neuen Anfang erstehen zu sehen, der an sich in jedem Ende liegt, ja, der das eigentliche Versprechen des Endes an uns ist. *Initium ut esset, creatus est homo* – »damit ein Anfang sei, wurde der Mensch geschaffen«, sagt Augustin. Dieser Anfang ist immer und überall da und bereit. Seine Kontinuität kann nicht unterbrochen werden, denn sie ist garantiert durch die Geburt eines jeden Menschen.

Aus: Hannah Arendt: *Elemente und Ursprünge totaler Herrschaft. Antisemitismus, Imperialismus, totale Herrschaft.* Piper Verlag, München/Berlin 1986 (2016).

Götz Aly liest
Joseph Wulf

Im Juni 1973 war der Holocaustüberlebende Wulf zur Verleihung der Buber-Rosenzweig-Medaille an den mit ihm freundschaftlich verbundenen Helmut Gollwitzer eingeladen. Danach schrieb er ihm, er habe in seiner Dankesrede lediglich von »imperialistischen« Verbrechen in der Dritten Welt gesprochen und von den »getretenen« Palästinensern, jedoch mit keinem Wort von dem »Albtraum vom Ghetto Warschau und von Auschwitz«, der »uns«, die Juden, zwinge, »uns auf Israel zu konzentrieren«. Wulf haderte mit Gollwitzer wegen der falschen »Dimensionen« seiner Rede, wegen des »Nicht-Ausgesprochenen«.

Wenig später, am 6. Oktober 1973, überfielen Ägypten und Syrien an Jom Kippur Israel, unterstützt mit Soldaten und militärischem Gerät aus dem Irak, aus Jordanien, Libyen, Tunesien, Sudan, Algerien, Marokko und Kuba. Israel konnte in dem Überfall knapp, aber siegreich bestehen.

Im Dezember 1973 reiste Joseph Wulf nach Israel, um dort eine Grabstelle für seine verstorbene Frau Jenta und (später) für sich zu suchen. Nach seiner Rückkehr schrieb er an Helmut Gollwitzer

Sehr verehrter und lieber Herr Professor Gollwitzer,
[…] Ich lebe schon seit ca. 20 Jahren in Deutschland mit deutschen Wissenschaftlern und Schriftstellern und möchte Ihnen, lieber Herr Professor Gollwitzer, sagen, dass ich als Jude, als jüdischer Historiker und nach meinen Erfahrungen mit Deutschland von 1939 bis 1974 nicht nach mei-

22

nem Tode unter deutschem Boden liegen möchte. Ich habe schon in Israel alles eingeleitet, um das zu realisieren.

Ich war zwei Wochen in Israel. Ich sprach mit allen Schichten des Volkes – angefangen von Soldaten, die auf Urlaub von der Front kamen, bis zu einem Seminar von extrem religiösen Schülern einer Yeshiva (judaistischen Hochschule); das Thema des Seminars war: »War der Tod im Ghetto bis zur Gaskammer ohne Waffe, ohne sich zu wehren, ein Opfergang?« Von allen, die ich gesprochen habe, merkte ich Angst. Keine Angst vor dem Tode, sie sind bereit zu kämpfen und zu fallen, aber Angst, dass man wieder verraten wird.

Für einen bewussten Juden, der in Europa lebt und wirkt, wird es erst auf israelischem Boden klar, wie Ihr Christen vergesst, was Ihr mit Juden 2000 Jahre gemacht habt, wie Ihr Deutsche vergesst, dass Ihr sechs Millionen Juden ausgerottet habt. Ganz Europa wirkt jetzt auf israelischem Boden wie in einem politischen Orwell-Zustand. [...]

Sicherlich muss das Problem der Palästinenser – übrigens *bewusst* vernachlässigt durch ihre arabischen Brüder und aufgebauscht durch die politisch blinde Linke – gelöst werden. Aber wenn ein Deutscher bei den Palästinensern etwas sagt oder tun will, darf er nie vergessen, dass nichts auf Kosten Israels geschehen darf.

Ja, die Linke; immer wussten jüdische Historiker, jeder halbgebildete Jude, dass Antisemitismus von rechts kommt. Jetzt müssen wir mit Erstaunen und Verzweiflung feststellen, dass via Anti-Israelismus auch die Linke zum Antisemitismus kommt. Es herrscht bei dieser Linken, die sich Schablonen bedient, eine unheimliche Ignoranz im Bezug auf Israel, Zionismus, jüdisches Volk, jüdische Kultur und allem Geistigen, was wir der Welt gegeben haben.

Gershom Scholem (1897–1982) fragt verzweifelt in Jerusalem seine deutschen Besucher: »Warum schweigt ihr?« Als ich den nichtssagenden Aufruf von wenigen deutschen Professoren während des Yom-Kippur-Krieges gelesen habe, habe ich mich als jüdischer Historiker, der unter euch lebt, wahrlich geschämt. Gegen die Junta von Chile – und mit Recht! – finden Sie in Deutschland hunderte Professoren. Aber bei flagranten arabischen Aggressionen gegen Israel keine zwanzig.

Als ich die nichtssagenden Zeilen von Böll, Grass und Lenz las, habe ich mich im wahren Sinne des Wortes geschämt. Im deutschsprachigen Raum hat ein *einziger* – nämlich Friedrich Dürrenmatt (1921–1990) – etwas Klares und Eindeutiges geschrieben, abgedruckt in der Neuen Zürcher Zeitung vom 22.10.1973. Aber auch dieser *einzige* Appell blieb bei den deutschen Schriftstellern und Wissenschaftlern ohne Resonanz.

Ich frage Sie, warum Ihr deutschen Intellektuellen und Schriftsteller jetzt so leise über Juden, Zionismus und Israel sprecht. Ich weiß nicht, ob mein Appell an Sie überhaupt noch Sinn hat. Aber man soll nie aufgeben und seine Pflicht tun. [...]

Mit verbindlichen Grüßen, Ihr Ihnen sehr ergebener Joseph Wulf

Aus einem Brief von Joseph Wulf (1912–1974) an den evangelischen Theologen Helmut Gollwitzer (1908–1993) vom 23. Januar 1974; *Zentralarchiv zur Erforschung der Geschichte der Juden in Deutschland*. Heidelberg, B. 2/1. Aus: Joseph Wulf: »*Nationalsozialismus ist keine jüdischen Angelegenheit*«. *Interventionen eines Pioniers der Holocaust-Forschung*. Erscheint im Mai 2024 bei S. Fischer.

Carolin Amlinger liest
Kurt Tucholsky

SONNTAGSMORGEN, IM BETT

Was – was ist?
Ach so. Heute ist Sonntag. Da kann ich noch liegen.
Mit den Schultern kuscheln. Mich ans Kopfkissen
                                        schmiegen –
Aus alter Gewohnheit wacht man sonntags immer
so früh auf wie wochentags – das kommt vielleicht von
                                        dem Schimmer
da von den Jalousien – was ist denn das für ein Geratter
                                        und Gebraus?
Na, jedenfalls heute muß ich nicht raus.

Ich kann heute ganz stille liegen und ruhn.
Und muß gar nichts. Und hier kann mir keiner was tun.
So ein Bett ist eigentlich eine schöne Sache –
da müßte noch so eine Sonnenplache
drüber sein, und dann fährt man damit überall hin
Woher kommt das, daß ich heute so furchtbar müde
                                        bin –?

Gestern abend haben wir wesentlich zu viel Schweden-
                                        punsch getrunken,
Paul war zum Schluß ganz in seinen Sessel versunken;
ich habe auch noch so einen komischen Geschmack im
Mund und – –

Halb neun! Da muß ich richtig wieder eingeschlafen sein.
Sonntagsmorgen im Bett, das ist fein.
Das heißt: Was nun noch kommt, ist weniger schön ...
Heute muß ich zu Onkel Otto und Tante Frieda gehn –
Margot ist auch da, die keusche Lilie ...
Warum, lieber Gott, ist man sonntags stets in Familie?
Vor Tisch sind sie beleidigt, und nach Tisch sind sie

satt –

wenn ich dran denke, wird mir jetzt schon ganz matt.

Abends ist Theater ... morgen muß ich unbedingt mal

mit Kempner telephonieren:

Er muß mir die Diele billiger tapezieren –
achtzig ist zu viel – der Junge ist wohl nicht ganz

gesund!

und – –

Halb zehn!
»Willi! Aufstehn! Aufstehn!«
Ja doch, ja!
Ich stehe ja schon auf, Mama.

Jetzt geht der Sonntag los! Nein: eigentlich ist er jetzt

vorbei.

Jetzt kommen die Zeitungen und Briefe und Telephon

und Geschrei.

Das ist nun weniger geruhsam und labend ...

Aber so ist das im Leben:
Das Schönste vom Sonntag ist der Sonnabend abend.

1928

Aus: Kurt Tucholsky: *Panter, Tiger und andere*. Verlag Volk und Welt, Berlin 1960.

Zsuzsa Bánk liest
Karl Ove Knausgård

Manchmal tut es weh zu leben, aber es gibt immer etwas, wofür es sich zu leben lohnt. Meinst du, du kannst dir das merken?

Aus: Karl Ove Knausgård: *Im Frühling*. Aus dem Norwegischen von Paul Berf. Luchterhand, München 2018.

Anne Birkenhauer liest
Admiel Kosman

Piyut für das Mussafgebet von Rosch Haschana

Wie blickst du von oben auf uns herab? Beginnst noch
   ein Jahr?
Wie zählst du uns? Gleich blökenden Lämmern
führst du uns vorbei unter dir, ist das wahr?
Dann sag, was hältst du von uns,
vom Baum, von der Frucht,
von den Vögeln, vom Getier?
Wie, bitte, zählst du uns,
an den Festen des Jahres vor dir?

Und zu welchem Tarif?! Wieviel willst du denn haben?
Wen schmeißt du schon gleich in die Flut?
Womit steckst du uns an? Wer steh als erster in Flammen?
Und was steht bei dir geschrieben, sei so gut,
zu den siebzig Todesstrafen,
die das irdische Gericht verhängt?
Was hast du dir diesmal ausgedacht?

Hör zu, einer und einzig schwebst du da oben
du – großer Held, gewaltig, voll Macht
wir – welkende Blumen auf deiner Weide
wir – unstet wie Spreu auf Körnern Getreide.
Du zählst und berechnest, wir blöken im Stall,
Lämmer deiner Herde.

Und nur du läßt den Wind wehn
übers Antlitz der Erde.

Aus dem Hebräischen von Anne Birkenhauer

Aus: *akzente. Zeitschrift für Literatur*. Herausgegeben von
Michael Krüger. Heft 2/2011.

Omri Boehm liest
Nathan Alterman

Noch einmal kehrt die Melodie

Noch einmal kehrt die Melodie zurück
die du vergeblich hinterlassen hast
und wieder öffnet sich der Weg weit
und eine Wolke an seinem Himmel
und ein Baum in seinem Regen
erwarten dich immer noch, Wanderer.
Und der Wind wird aufkommen, und auf fliegenden
   Schaukeln
werden die Blitze über dich hinweggehen
und ein Schaf und eine Hirschkuh sollen Zeugen sein
Dass du sie streicheltest und weitergegangen bist –
– mit deiner leeren Hand und deiner weit entfernten
   Stadt
und nicht nur einmal hast du dich verbeugt
vor einem grünen Hain und einer lachenden Frau
Und einer Baumkrone mit nassen Augenlidern

Aus dem Hebräischen von Omri Boehm

Aus: Nathan Alterman: *Kokhavim Bachutz [Stars Outside]*.
Kibbutz Meuhad 1995 (original 1938).

Mathias Bothor liest
Shadi Hamid

In the Israeli-Palestinian debate,
you might be wrong. So be humble.

Intellectual humility is a trait and a practice that allows one to accept their own limitations. Even if we think we are right, it entails holding open the possibility that we might be wrong. But on a deeper level, humility involves the recognition that the truth itself is more complicated than it might first appear.

Morality cannot be situational. We are all products of structures beyond our control, but this does not mean we are prisoners to them. The oppressed cannot simply shift moral responsibility onto their oppressors and be done with it. However terrible their circumstances, individuals always retain the ability to make choices.

In a struggle between protagonists with legitimate – and competing – grievances, is moral consistency too much to expect? Yes, it almost certainly is. But asking for it doesn't hurt. Intellectual humility, as quaint as the idea might seem, demands nothing less.

Aus: *The Washington Post*, 16.10.2023.

Ingo Bott liest
Robert Frost

The Road Not Taken

Two roads diverged in a yellow wood,
And sorry I could not travel both
And be one traveler, long I stood
And looked down one as far as I could
To where it bent in the undergrowth;

Then took the other, as just as fair,
And having perhaps the better claim,
Because it was grassy and wanted wear;
Though as for that the passing there
Had worn them really about the same,

And both that morning equally lay
In leaves no step had trodden black.
Oh, I kept the first for another day!
Yet knowing how way leads on to way,
I doubted if I should ever come back.

I shall be telling this with a sigh
Somewhere ages and ages hence:
Two roads diverged in a wood, and I –
I took the one less traveled by,
And that has made all the difference.

Aus: Robert Frost: *The Road Not Taken and Other Poems*.
Penguin Random House Canada, Toronto 2015.

Ingo Bott liest
Erich Kästner

Es gibt nichts Gutes,
außer: Man tut es.

Aus: Erich Kästner: *Kurz und bündig. Epigramme.* Atrium,
Zürich 1950.

Marion Brasch hört
Randy Newman

God's Song (That's Why I Love Mankind)

Cain slew Abel, Seth knew not why
For if the children of Israel were supposed to multiply
Why must any of the children die?
So he asked the Lord
And the Lord said:

Man means nothing, he means less to me
Than the lowliest cactus flower
Or the humblest Yucca tree
He chases round this desert
'Cause he thinks that's where I'll be
That's why I love mankind

I recoil in horror from the foulness of thee
From the squalor and the filth and the misery
How we laugh up here in heaven at the prayers you offer
  me
That's why I love mankind

The Christians and the Jews were having a jamboree
The Buddhists and the Hindus joined on satellite TV
They picked their four greatest priests
And they began to speak
They said, »Lord, a plague is on the world
Lord, no man is free

The temples that we built to you
Have tumbled into the sea
Lord, if you won't take care of us
Won't you please, please let us be?«
And the Lord said
And the Lord said

I burn down your cities – how blind you must be
I take from you your children and you say how blessed
    are we
You all must be crazy to put your faith in me
That's why I love mankind
You really need me
That's why I love mankind

Aus: Randy Newman: *Sail Away*. Reprise Records, 1972.

Alice Brauner liest
Jean Améry

Über Zwang und Unmöglichkeit, Jude zu sein

Die Solidarität angesichts der Bedrohung ist alles, was mich mit meinen jüdischen Zeitgenossen, den gläubigen wie den glaubenslosen, den national gesinnten wie den assimilationsbereiten, verbindet. Das ist für sie wenig oder gar nichts. Für mich und meinen Bestand jedoch bedeutet es viel, mehr wahrscheinlich als mein Verständnis der Bücher Prousts oder meine Anhänglichkeit an die Erzählungen Schnitzlers oder meine Freude an der flämischen Landschaft. Ohne Proust und Schnitzler und die windgebeugten Pappeln an der Nordsee wäre ich ärmer, als ich es bin, aber ich wäre noch ein Mensch. Ohne das Gefühl der Zugehörigkeit zu den Bedrohten wäre ich ein sich selbst aufgebender Flüchtling vor der Wirklichkeit.

Aus: Jean Améry: *Jenseits von Schuld und Sühne. Bewältigungsversuche eines Überwältigten.* Klett-Cotta, Stuttgart 2012.

Yevgeniy Breyger liest
Alexander Schnickmann

über über an die Musik

[…]
            ho-

                    -lde Kunst unwillkürlich muss
                    ich lächeln als die Morgensonne
                    auf die Bäume unter meinem
                            Fenster
                    tritt schließlich aber und

schließlich kommt eine Zeit und sie kommt
und siehe wir schweigen im selben Takt

und siehe wir schweigen im selben Takt
und siehe und wirklich die Töne sind verstummt aber der
    Text schreibt sich fort
und siehe und wirklich noch verklingt
die letzte Note aber das Schweigen nimmt zu

    und in der Wüste spielt eine Orgel
    einen einzigen langen hohen ewigen Ton
    inmitten der bunten Kaktusblüten und dem
    dem Wind der sich vom Rand der Landschaft
    aus erhebt nicht dringt nichts dringt was könnte
    auch gegen diesen einen letzten Ton ungewiss ob
    noch der Finger auf der Taste liegt oder alles was wir

38

hören der Nachklang eines einzelnen Tons in der Wüste
das wird das Ende sein und es ist das Ende wenn auf fernem
wenn der der Staub sich hebt solange die Musik der Sandkörner
im Wind ferne aber atme ich ein und kann deinen nackten Körper
vor mir sehen heben und senken und heben und senken und jeder Zug
ist eine eigene Musik und jedes Heben und jedes Senken die Arbeit einer

       mächtigen Tonmaschine
       gleich dem Tonband
       das nie aufhört endet
       auch diese Musik nicht und

was nicht endet denke ich jetzt
kann doch selbst nur das Ende sein

Aus: *Das tonlose Beben der Sporen im Wind*. Anthologie zum
Leonce-und-Lena-Preis 2023. Hrsg. von Christian Döring, Kurt
Drawert und Hanne F. Juritz. Brandes & Apsel, Frankfurt am
Main 2023.

Katja Brunner liest
Selma Meerbaum-Eisinger

Schlaflied für die Sehnsucht

O lege, Geliebter,
den Kopf in die Hände
und höre, ich sing' dir ein Lied.
Ich sing' dir von Weh und von Tod und vom Ende,
ich sing' dir vom Glücke, das schied.

Komm, schließe die Augen,
ich will dich dann wiegen,
wir träumen dann beide vom Glück.
Wir träumen dann beide die goldensten Lügen,
wir träumen uns weit, weit zurück.

Und sieh nur, Geliebter,
im Traume da kehren
wieder die Tage voll Licht.
Vergessen die Stunden, die wehen und leeren
von Trauer und Leid und Verzicht.

Doch dann – das Erwachen,
Geliebter, ist Grauen –
ach, alles ist leerer als je –
Oh, könnten die Träume mein Glück wieder bauen,
verjagen mein wild-heißes Weh!

Aus: Selma Meerbaum-Eisinger: *Ich bin in Sehnsucht
eingehüllt. Gedichte.* Hoffmann und Campe, Hamburg 2016.

Nuran David Calis liest
Martin Niemöller

Als die Nazis die Kommunisten holten,
habe ich geschwiegen,
ich war ja kein Kommunist.

Als sie die Sozialdemokraten einsperrten,
habe ich geschwiegen,
ich war ja kein Sozialdemokrat.

Als sie die Gewerkschafter holten,
habe ich geschwiegen,
ich war ja kein Gewerkschafter.

Als sie mich holten,
gab es keinen mehr,
der protestieren konnte.

Zitiert nach https://martin-niemoeller-stiftung.de/

Claudia und Uwe Dathe lesen
Ivan Dzjuba

Wider den Hass

Rede zum 25. Jahrestag des Massakers in Babyn Jar

Es gibt Ereignisse und Tragödien, deren Unermesslichkeit sich nicht mit Worten beschreiben lässt und die nur das Schweigen erfassen kann – das große Schweigen tausender Menschen. Vielleicht sollten auch wir auf Worte verzichten und gemeinsam schweigend ein und derselben Sache gedenken. Aber das Schweigen hat nur dort Gewicht, wo alles, was gesagt werden kann, gesagt ist. Wenn jedoch längst noch nicht alles, wenn noch gar nichts gesagt ist, wird das Schweigen zu einem Komplizen der Unwahrheit und Unfreiheit. Deshalb reden wir und müssen reden, da, wo es erlaubt und wo es verboten ist, müssen die Gelegenheiten nutzen, die sich uns höchst selten bieten.

Und so möchte ich ein paar Worte sagen, es ist ein Tausendstel dessen, was mir heute durch den Kopf geht und was ich hier gern sagen würde. Ich spreche zu euch als Menschen, als Brüder der Menschheit. Ich spreche zu euch, die ihr Juden seid, als Ukrainer, als Angehöriger der ukrainischen Nation, der ich mit Stolz angehöre.

Babyn Jar ist eine Tragödie der gesamten Menschheit, aber sie hat sich auf ukrainischem Territorium ereignet. Und deswegen dürfen Ukrainer sie genauso wenig vergessen wie Juden. Babyn Jar ist unsere gemeinsame Tragödie, in erster Linie eine Tragödie des jüdischen und des ukrainischen Volkes.

Diese Tragödie hat uns der Faschismus beschert. Aber wir sollten nicht vergessen, dass der Faschismus in Babyn Jar weder beginnt noch endet. Der Faschismus beginnt mit der Herabsetzung von Menschen und endet mit deren Vernichtung, mit der Vernichtung von Völkern, nicht zwangsläufig mit einer Vernichtung wie in Babyn Jar. Stellen wir uns für einen Moment vor, Hitler, der deutsche Faschismus, hätte gesiegt. Zweifelsohne hätten sie eine brillante und »florierende« Gesellschaft errichtet, wirtschaftlich und technisch hoch entwickelt, mit bedeutenden wissenschaftlichen und anderen Leistungen, die auch uns vertraut sind. Und sicher hätten die stummen Sklaven des Faschismus später das Weltall »erobert« und wären zu anderen Planeten geflogen, um die Menschheit und die Zivilisation dort zu vertreten. Und das Regime hätte alles unternommen, um die eigene »Wahrheit« zu stützen, damit die Menschen vergessen, um welchen Preis der »Fortschritt« erzielt wurde, damit die Geschichte die unermesslichen Verbrechen relativiert oder vergisst, damit die Menschen die unmenschliche Gesellschaft für normal oder gar für die beste halten. Und nicht länger in den Ruinen der Bastille, sondern auf den entweihten und mit einer dicken Schicht Sand und Vergessen versiegelten Plätzen der Tragödien der Völker stünde die offizielle Aufschrift: »Hier wird getanzt«. Deswegen sollten wir eine Gesellschaft nicht nach ihren technischen Leistungen beurteilen, sondern danach, welchen Platz der Mensch hat und was er bedeutet, welchen Stellenwert die menschliche Würde und das menschliche Gewissen einnehmen. Wir gedenken heute in Babyn Jar nicht nur jener, die hier umgekommen sind. Wir gedenken Millionen sowjetischer Kämpfer, unserer Väter, die im Kampf gegen den Faschismus ihr Leben gelassen haben. Wir gedenken der Opfer und Anstrengungen von Millionen sowjetischer Menschen verschiedenster Nationalitäten, die sich selbstlos für den Sieg über den Faschismus eingesetzt haben. Wir sollten uns ihrer Erinnerung würdig erweisen, würdig erweisen der Pflicht, die uns die Erinnerung an die unzähligen menschlichen Opfer, Hoffnungen und Bemühungen auferlegt.

Erweisen wir uns dieser Erinnerung würdig? Wohl kaum, wenn wir unter uns den unterschiedlichsten Formen von Menschenhass immer noch Raum geben, darunter auch dem, was wir mit dem verbrauchten, verharmlosten, aber schrecklichen Wort »Antisemitismus« bezeichnen. Antisemitismus ist eine »nationenübergreifende« Erscheinung, es gab und gibt ihn in allen Gesellschaften. Leider ist auch die unsere nicht frei davon. Was wohl auch nicht weiter verwundern mag, ist doch der Antisemitismus Frucht und Gefährte der jahrhundertelangen Kulturlosigkeit und Unfreiheit, das erste und unweigerliche Produkt der politischen Diktatur, und er ist – auf der Ebene der Gesellschaft als Ganzes – nicht leicht und schnell zu überwinden. Verwundern mag etwas anderes: dass nämlich in den Jahrzehnten nach Kriegsende nichts Substantielles gegen ihn unternommen, ja, dass er sogar teilweise künstlich geschürt wurde. Offenbar sind Lenins Direktiven zur Bekämpfung des Antisemitismus ebenso in Vergessenheit geraten wie seine Direktiven zur nationalen Entwicklung der Ukraine.

Unter Stalin gab es unumwundene, offensichtliche Versuche, die Vorurteile mancher Ukrainer und mancher Juden gegeneinander auszuspielen, Versuche, mit dem Bild vom jüdischen bourgeoisen Nationalismus und Zionismus die jüdische Nationalkultur und mit dem Bild vom ukrainischen bourgeoisen Nationalismus die ukrainische Nationalkultur auszurotten. Diese geschickt eingefädelten Kampagnen haben beiden Völkern geschadet und ihre freundschaftliche Annäherung behindert, sie haben der schweren Geschichte beider Völker und der komplizierten Geschichte ihrer Beziehungen nur eine weitere traurige Facette hinzugefügt. Wir müssen uns diesen Erinnerungen zuwenden, nicht, um die Wunden wieder aufzureißen, sondern um sie wirklich zu heilen. Als Ukrainer schäme ich mich dafür, dass es in unserer Nation – wie auch in anderen Nationen – Antisemitismus gibt, dass diese schändlichen, menschenunwürdigen Erscheinungen namens Antisemitismus auftreten.

Wir Ukrainer sollten uns in unserem Umfeld allen antisemitischen oder judenverachtenden Äußerungen und falschen Sichtweisen der jüdischen Frage entgegenstellen.

Ihr Juden solltet euch in eurem Umfeld denen entgegenstellen, die die Ukrainer, die ukrainische Kultur und die ukrainische Sprache nicht achten und in jedem Ukrainer einen verborgenen Antisemiten sehen. Wir sollten jede Form von Menschenhass ausmerzen, alle Missverständnisse ausräumen und mit unserem ganzen Leben eine echte Brüderlichkeit erkämpfen. Wer, wenn nicht wir, kann sich verstehen, und wer, wenn nicht wir, kann der Menschheit ein Beispiel für brüderliches Miteinander geben? Die Geschichte unserer beiden Völker ist sich in ihrer Tragik so ähnlich, dass Iwan Franko mit den biblischen Motiven in seinem Poem »Moses« den Weg des ukrainischen Volkes mit Hilfe einer jüdischen Legende dargestellt hat und Lesja Ukrajinka eines ihrer berühmtesten Gedichte über die Tragödie der Ukraine mit den Worten beginnen lässt: »Und du hast einst gekämpft wie Israel ...« Große Söhne beider Völker haben uns gegenseitiges Verständnis und Freundschaft geboten. Drei bedeutende jiddische Schriftsteller – Scholem Alejchem, Jizchok Leib Perez und Mendele Moicher Sforim – haben auf ukrainischem Territorium gelebt. Sie mochten das Land und haben hier Gutes gewirkt. Der brillante jüdische Publizist Wladimir Jabotinsky stand im Kampf gegen den russischen Zarismus auf der Seite des ukrainischen Volkes und rief die jüdische Intelligenz dazu auf, die ukrainische Befreiungsbewegung und die ukrainische Kultur zu unterstützen. Eine der letzten öffentlichen Handlungen von Taras Ševčenko war seine berühmte Rede gegen die judenfeindliche Politik der zaristischen Regierung. Lesja Ukrajinka, Ivan Franko, Boris Hrinčenko, Stepan Vasyl'čenko und andere herausragende ukrainische Schriftsteller kannten und schätzten die große jüdische Geschichte und den jüdischen Geist, mit ehrlicher Anteilnahme schrieben sie über die Leiden der mittellosen jüdischen Bevölkerung. Wir haben in der Vergangenheit nicht nur gegenseitige Feindschaft und traurige Missverständnisse erlebt, wenngleich sie nicht selten vorkamen. In der Vergangenheit gab es gleichermaßen Beispiele von mutiger Solidarität und gegenseitiger Unterstützung im Kampf für die gemeinsamen Ideale der Freiheit, für eine bessere Zukunft beider Nationen.

Wir, die heutige Generation, sollten diese Tradition fortsetzen und uns der unguten Tradition von Misstrauen und Verschweigen entgegenstellen. Leider gibt es einige Umstände, die der Beschleunigung und Ausweitung dieser hehren Tradition der Solidarität abträglich sind.

Dazu gehören das Fehlen einer wirklichen Öffentlichkeit und eines offenen Umgangs mit nationalen Angelegenheiten, weswegen sich um die wunden Punkte herum ein eigenartiges »Komplott des Schweigens« bildet. Das sozialistische Bruderland Polen könnte hier als gutes Beispiel für den Umgang mit dieser Frage dienen. In der Vergangenheit waren die Beziehungen zwischen Polen und Juden bekanntlich sehr kompliziert. Heute ist die frühere Feindseligkeit völlig verschwunden. Worin liegt das »Geheimnis« für diesen Erfolg? Erstens hat das geteilte Los im Zweiten Weltkrieg Polen und Juden angenähert. Aber dieses Los hatten wir auch. Zweitens – und das fehlt bei uns leider – sind im sozialistischen Polen die nationenübergreifenden Beziehungen Gegenstand soziologischer Untersuchungen und öffentlicher Debatten, sie sind Gegenstand ständiger Aufmerksamkeit und Auseinandersetzung in der Presse und auch in der Literatur – all das schafft die nötige Atmosphäre für eine gute und erfolgreiche nationale und nationenübergreifende Erziehung.

Um eine solche – aktive und nicht nur verbale – Erziehung sollten auch wir uns bemühen und all unsere Anstrengungen darauf ausrichten. Wir dürfen vor Antisemitismus, Chauvinismus, der Herabsetzung anderer Nationalitäten und einer verrohten Haltung gegenüber anderen Nationalkulturen und Nationalsprachen nicht die Augen verschließen. Verrohung ist bei uns an der Tagesordnung, und bei vielen beginnt sie mit dem Lossagen vom Eigenen, dem Lossagen von der eigenen Nationalität, Kultur und Geschichte, obwohl dieses Lossagen nicht immer freiwillig und der Einzelne nicht immer schuld ist. Der Weg zu einer echten und ungeheuchelten Brüderlichkeit führt nicht über Selbstvergessenheit, sondern über Selbsterkenntnis. Es geht nicht darum, sich selbst zu verleugnen und sich anderen anzupassen, sondern zum Eigenen zu stehen und den anderen zu achten. Die Juden dürfen Juden sein, die Ukrainer dürfen Ukrainer sein im tiefen und umfassenden und nicht nur im formalen Sinne des Wortes. Mögen die Juden die jüdische Geschichte, die jüdische Kultur und Sprache kennen und darauf stolz sein. Mögen die Ukrainer die ukrainische Geschichte, Kultur und Sprache kennen und darauf stolz sein. Mögen sie die Geschichte und Kultur des jeweils anderen, die Geschichte und Kultur anderer Völker kennen und sich und andere als Brüder achten. Das zu erreichen ist schwer, aber es ist besser, sich darum zu bemühen, als gleichgültig abzuwinken, als sich auf der Welle von Assimilation und Anpassungswut treiben zu lassen, die zu nichts Gutem führen, sondern nur Verrohung, Blasphemie und verhohlenen Menschenhass zeitigen.

Mit unserem ganzen Leben müssen wir dem zivilisierten Menschenhass und der gesellschaftlichen Verrohung entgegentreten. Etwas Wichtigeres kann es jetzt für uns nicht geben, denn sonst verlieren alle gesellschaftlichen Ideale ihren Sinn. Das sind wir den Millionen von Diktaturopfern schuldig, das sind wir den besten Vertretern des ukrainischen und jüdischen Volkes schuldig, die uns gegenseitiges Verständnis und Freundschaft geboten haben, das sind wir der ukrainischen Erde schuldig, die wir gemeinsam bewohnen, das sind wir der Menschheit schuldig.

Aus dem Ukrainischen von Claudia Dathe

Aus: Ivan Dzjuba: Wider den Hass. Rede zum 25. Jahrestag des Massakers von Babyn Jar. In: *Osteuropa*, 71. Jahrgang, 1–2/2021.

Roman Ehrlich liest
Ingeborg Bachmann

Ein Brausen von Worten fängt an in meinem Kopf und dann ein Leuchten, einige Silben flimmern schon auf, und aus allen Satzschachteln fliegen bunte Kommas, und die Punkte, die einmal schwarz waren, schweben aufgeblasen zu Luftballons an meine Hirndecke, denn in dem Buch, das herrlich ist und das ich also zu finden anfange, wird alles sein wie EXSULTATE JUBILATE. Wenn es dieses Buch geben sollte, und eines Tages wird es das geben müssen, wird man sich vor Freude auf den Boden werfen, bloß weil man eine Seite daraus gelesen hat, man wird einen Luftsprung tun, es wird einem geholfen sein, man liest weiter und beißt sich in die Hand, um vor Freude nicht aufschreien zu müssen, es ist kaum auszuhalten, und wenn man auf dem Fensterbrett sitzt und weiterliest, wirft man den Leuten auf der Straße Konfetti hinunter, damit sie erstaunt stehenbleiben, als wären sie in einen Karneval geraten, und man wirft Äpfel und Nüsse, Datteln und Feigen hinunter, als wäre Nikolaustag, man beugt sich, ganz schwindelfrei, aus dem Fenster und schreit: Hört nur, hört! schaut nur, schaut! ich habe etwas Wunderbares gelesen, darf ich es euch vorlesen, kommt näher alle, es ist zu wunderbar!

Und die Leute fangen an stehenzubleiben und aufzumerken, es sammeln sich immer mehr Leute an, und Herr Breitner grüßt einmal zur Abwechslung, er muß nicht mehr beweisen, mit seinen Krücken, daß er der einzige Krüppel ist, er krächzt freundlich grüß Gott und guten Tag, und die dicke Kammersängerin, die sich nur nachts aus dem Haus traut und in Taxis abfährt oder vorfährt, wird etwas dünner, sie nimmt in einem einzigen Moment fünfzig Kilo ab, sie zeigt sich im Stiegenhaus, sie schreitet theatralisch, ohne Atemnot, bis zum Mezzanin, wo sie mit ihrer Koloratur beginnt, einer um zwanzig Jahre verjüngten Stimme: cari amici, teneri compagni! und niemand sagt herablassend, das haben wir von der Schwarzkopf und von der Callas schon besser gehört, auch das Wort »fette Wachtel« ist aus dem Stiegenhaus verschwunden, und die Leute aus dem dritten Stock sind rehabilitiert, eine Intrige hat sich in Nichts aufgelöst. Soviel bewirkt die Nachfreude, weil es endlich ein herrliches Buch auf Erden gibt, und ich mache mich auf und suche nach seinen ersten Seiten für Ivan, ich mache ein geheimnisvolles Gesicht, denn es soll eine Überraschung für ihn werden.

Aus: Ingeborg Bachmann: *Malina*. Suhrkamp Verlag, Frankfurt am Main 1971.

Raquel Erdtmann liest
Salman Rushdie

Die Masse wurde nicht für das Verbrechen von ein paar wenigen verantwortlich gemacht. Auch er verwahrte sich gegen Wut. Zorn machte einen zur Kreatur derer, die ihn heraufbeschworen hatten, und gab ihnen zu viel Macht. Zorn tötete den Verstand, auf den es jetzt mehr denn je ankam, um sich über den Unverstand zu erheben.

Er beschloss, an die Natur des Menschen und die Universalität ihrer Rechte, Ethiken und Freiheiten zu glauben und sich dem relativistischen Irrglauben, der den Schmähungen militanter Gläubiger (*wir hassen euch, weil wir nicht so sind wie ihr*) und ihrer bedauerlicherweise häufig linksstehenden Sympathisanten im Westen zugrunde lag, zu widersetzen. Wenn die Kunst des Romans etwas zu offenbaren vermochte, dann war es die Natur des Menschen als große Konstante in sämtlichen Kulturen, an allen Orten und zu allen Zeiten, und dass, wie Heraklit es zweitausend Jahre zuvor gesagt hatte, das *Ethos* des Menschen, sein Dasein in der Welt, sein *Daimon* sei, das Leitprinzip seines Lebens – oder, um es auf den Punkt zu bringen, dass sein Wesen sein Schicksal war. Es war schwer, an dieser Idee festzuhalten, während der Qualm des Todes über Ground Zero stand und die Ermordung Tausender Männer und Frauen, deren Wesen nicht bestimmend für ihr Schicksal gewesen war, das allgemeine Bewusstsein beherrschte. Es hatte keine Rolle gespielt, ob sie fleißig, großherzig, liebevoll oder romantisch gewesen waren, die Flugzeuge hatten sich um ihr *Ethos* nicht geschert; tatsächlich konnte Terrorismus nun Schicksal sein, Krieg konnte Schicksal sein, wir hatten unsere Leben nicht mehr gänzlich in der Hand; und dennoch mussten wir im Angesicht des Grauens mehr denn je auf unserer souveränen Natur bestehen, es war wichtig, sich für die Verantwortung des Einzelnen starkzumachen, zu sagen, dass die Mörder die moralische Verantwortung für ihre Taten trugen und weder ihr Glaube noch ihre Wut auf Amerika als Entschuldigung gelten konnten; in einer Zeit monströs aufgeblähter Ideologien war es wichtig, den menschlichen Maßstab nicht aus den Augen zu verlieren, weiterhin auf unsere grundlegende Menschlichkeit zu bestehen, sich in der Kampfzone weiterhin zu lieben.

In einem Roman war es klar, dass das menschliche Ich heterogen und nicht homogen war, nicht einfach, sondern vielfach, mannigfaltig, gebrochen und widersprüchlich. Der Mensch, der man für seine Eltern war, entsprach nicht dem, der man für seine Kinder war, das arbeitende Ich war ein anderes als das liebende, und abhängig von Tageszeiten und Stimmungen konnte man sich groß oder dünn, unwohl oder sportlich oder konservativ oder ängstlich oder begehrenswert finden. Sämtlichen Schriftstellern und Lesern war klar, dass die Identität des Menschen nicht schmalspurig, sondern breit gefächert war und dass diese Bandbreite der menschlichen Natur dem Leser erlaubte, Gemeinsamkeiten und Identifikationsmöglichkeiten mit Madame Bovary, Leopold Bloom, Oberst Aureliano Buendía, Raskolnikow, Gandalf dem Grauen, Oskar Matzerath, den Makioka-Schwestern, dem Continental-Op, Lord Emsworth, Miss Marple, dem Baron auf den Bäumen und dem Roboterboten Salo vom Planeten Tralfamadore in Kurt Vonneguts *Die Sirenen des Titan* zu finden. Leser und Autoren konnten dieses Wissen um die umfassende Identität in die

Welt jenseits der Buchseiten mitnehmen und es nutzen, um sich in ihren Mitmenschen wiederzufinden. Man konnte für unterschiedliche Fußballmannschaften sein, aber dieselbe Partei wählen. Man konnte unterschiedliche Parteien wählen, aber bei der Kindererziehung einer Meinung sein. Man konnte unterschiedliche Auffassungen bei der Erziehung haben, aber die Angst vor der Dunkelheit teilen. Man konnte verschiedene Ängste haben, aber die gleiche Musik lieben. Man konnte den Musikgeschmack des anderen grauenhaft finden, aber an denselben Gott glauben. Man konnte in Glaubensdingen sehr konträrer Meinung sein, aber dieselbe Fußballmannschaft gut finden.

Die Literatur wusste das, hatte es immer gewusst. Sie versuchte, *das Universum zu öffnen*, die Gesamtheit dessen, was der Mensch wahrzunehmen, zu begreifen und somit zu sein vermochte, zumindest ansatzweise zu vergrößern. Große Literatur ging an den Rand des Bekannten und drängte gegen die Grenzen von Sprache, Form und Möglichkeiten, um die Welt größer und weiter erscheinen zu lassen.

Aus: Salman Rushdie: *Joseph Anton. Die Autobiografie.*
Aus dem Englischen von Verena von Koskull und Bernhard Robben. C. Bertelsmann Verlag, München 2012.

Jan Faktor liest
Yoram Kaniuk

… und dann kam jemand an den Apparat, der Bill Dana hieß und sich als einer der Textschreiber vorstellte, die ich neulich auf der Bühne gesehen hatte, und lud mich für den nächsten Abend auf einen Drink ein.

Wir trafen uns. Ein trauriger Jude. Er hätte gut einen italienischen Gangster spielen können. Oder umgekehrt. Er sprach zehn Dialekte. Ein passionierter Selbsthasser und seltsamer Mensch, doch er gefiel mir. Jahre später machte er eine witzige Sendung mit dem Titel »Ich heiße José Jimenez« über einen puertoricanischen Anglistikprofessor, der Shakespeare lehrt. Die Sendung machte ihn zum Star. Ein Jahr, nachdem wir uns kennengelernt hatten, rief er an. Ich hatte ihn völlig vergessen. Er fragte, wie es mir gehe, und ich sagte es ihm. Er lud mich in sein Studio ein, um mir zu zeigen, wie seine Sendung gemacht wird. Sie wurde jede Nacht von halb zwölf bis eins ausgestrahlt und war die beste Nachtsendung überhaupt. Ich kam in sein Studio. Ein kalter Wintertag. Der kälteste Tag im Jahr, und das Zimmer war überheizt. Mitten im Raum stand ein Tisch, darauf eine Whiskyflasche der Marke Four Roses, und drum herum saßen die fünf traurigsten Menschen, die ich je auf einem Haufen gesehen habe. Das Leiden stand ihnen ins Gesicht geschrieben, sie sahen aus, als seien sie gerade einem Pogrom entronnen. Einer von ihnen war Bill. Sie unterhielten sich im Flüsterton und tranken. Einer sagte mit düsterer Miene: Was meint ihr zu Jude vier mit Schotte sieben und dem Puertoricaner im Flugzeug? Der zweite sagte: Das ist gut, aber dann muss Deutscher sechs dazu-kommen. Ein Mädchen saß dabei und schrieb auf, was sie sagten. Bill sagte: Indianer vier mit Jude fünfundzwanzig, aber einem polnischen, keinem russischen, plus Schotte acht plus eine gängige Pointe und das Ganze in Brooklyn sechs. In der Pause, in der sie die Whiskyflasche leerten, erklärte Bill, er schreibe schon fünf Jahre Witze, erst für Jack Benny und jetzt mit seinen Freunden für Steve Allen. Für eine fette Gage. Insgesamt gebe es vierunddreißig Grundwitze. Vielleicht nannte er auch eine andere Zahl. Sie waren inzwischen so routiniert, dass ihnen eine Anspie-lung genügte, um den Witz zu erkennen. Ich glaubte ihm nicht. Um sie auf die Probe zu stellen, erzählte ich ihnen, wie Ben Gurion den alten Religionsminister und Rabbiner Toledano, der vor kurzem ein junges Mädchen geheiratet hatte, zu einer Regierungssitzung am frühen Morgen be-stellte. Der Rabbiner sagte zu Ben Gurion: Wenn ich kann, komme ich nicht, wenn ich nicht kann, komme ich. Sie erzählten den Witz zu Ende, bevor ich mittendrin war, und dazu noch vier andere Varianten derselben Pointe. In den vier Stunden, die ich mit ihnen zusammensaß, lachten sie kein einziges Mal. Dann machte Bill die Tür zum Korridor auf, um, wie er sagte, etwas Sauerstoff hereinzulassen.

Aus: Yoram Kaniuk: *I Did It My Way*. Roman. Aus dem Hebräischen von Beate Esther von Schwarze. List/Ullstein Buchverlage, Berlin 2005; mit kleinen Eingriffen, die wegen des fehlenden Kontextes notwendig waren.

Julia Franck liest
James Baldwin

The fact that I was dealing with Jews brought the whole question of color, which I had been desperately avoiding, into the terrified center of my mind. I realized that the Bible had been written by white men. I knew that, according to many Christians, I was a descendant of Ham, who had been cursed, and that I was therefore predestined to be a slave. This had nothing to do with anything I was, or contained, or could become; my fate had been sealed forever, from the beginning of time. And it seemed, indeed, when one looked out over Christendom, that this was what Christendom effectively believed. It was certainly the way it behaved. I remembered the Italian priests and bishops blessing Italian boys who were on their way to Ethiopia.

Again, the Jewish boys in high school were troubling because I could find no point of connection between them and the Jewish pawnbrokers and landlords and grocery-store owners in Harlem. I knew that these people were Jews – God knows I was told it often enough – but I thought of them only as white. Jews, as such, until I got to high school, were all incarcerated in the Old Testament, and their names were Abraham, Moses, Daniel, Ezekiel, and Job, and Shadrach, Meshach, and Abednego. It was bewildering to find them so many miles and centuries out of Egypt, and so far from the fiery furnace. My best friend in high school was a Jew. He came to our house once, and afterward my father asked, as he asked about everyone, »Is he a Christian?« – by which he meant »Is he saved?«

I really do not know whether my answer came out of innocence or venom, but I said coldly, »No. He's Jewish.« My father slammed me across the face with his great palm, and in that moment everything flooded back – all the hatred and all the fear, and the depth of a merciless resolve to kill my father rather than to allow my father to kill me – and I knew that all those sermons and tears and all that repentance and rejoicing had changed nothing. I wondered if I was expected to be glad that a friend of mine, or anyone, was to be tormented forever in Hell, and I also thought, suddenly, of the Jews in another Christian nation, Germany. They were not so far from the fiery furnace after all, and my best friend might have been one of them. I told my father, »He's a better Christian than you are,« and walked out of the house. The battle between us was in the open, but that was all right; it was almost a relief. A more deadly struggle had begun.

Aus: James Baldwin: Down at the Cross – Letter from a region in my mind. In: *The fire next time*. Vintage Books, New York 1993.

Julia Franck liest
Mascha Kaléko

Sozusagen ein Mailied

Manchmal, mitten in jenen Nächten,
Die ein jeglicher von uns kennt,
Wartend auf den Schlaf des Gerechten,
Wie man ihn seltsamerweise nennt,
Denke ich an den Rhein und die Elbe,
Und kleiner, aber meiner, die Spree.
Und immer wieder ist es das selbe:
Das Denken tut verteufelt weh.

Manchmal, mitten im freien Manhattan,
Unterwegs auf der Jagd nach dem Glück,
Hör ich auf einmal das Rasseln von Ketten.
Und das bringt mich wieder auf Preussen zurück.
Ob dort die Vögel zu singen wagen?
Gibts das noch: Werder im Blütenschnee …
Wie mag die Havel das alles ertragen,
Und was sagt der alte Grunewaldsee?

Manchmal, angesichts neuer Bekanntschaft
Mit üppiger Flora, – glad to see –
Sehnt sichs in mir nach magerer Landschaft,
Sandiger Kiefer, weiss nicht wie.
Was wissen Primeln und Geranien
Von Rassenkunde und Medizin …

Ob Ecke Uhland die Kastanien
Wohl blühn?

Aus: Mascha Kaléko: *Sämtliche Werke und Briefe in
vier Bänden*. Herausgegeben und kommentiert von Jutta
Rosenkranz. dtv, München 2012, Bd. I.

Julia Franck liest
Thomas Brasch

Meine Großmutter

Auf dem alten Foto ist sie eine schöne Frau
auf einem Berg: Am Rand.
Verächtlich sieht sie in die Kamera:
Schließlich ist mein Vater Fabrikant.

Ihr erster Mann erschoß sich mit 29. Den zweiten
verließ sie in München für den dritten und
wurde katholisch wie er.
   Als die Nazis sie holten, rief sie: Was
wollt ihr von mir: Ich bin keine Jüdin mehr.

Im Konzentrationslager schrieb sie Gedichte. Die
steckte sie in den Ofen, bevor sie entlassen wurde
in die Irrenanstalt. In der Zelle schrieb sie einen Roman
über die Auswanderung eines Ameisenstaates von
Deutschland nach Amerika nach Afrika nach Deutschland.

Ich lebe mit Lissy, sagte ihr Mann, als
sie zurückkehrte in die Wohnung. Hier
ist dein Zimmer neben der Küche. Sie sagte:
Ich lasse mich scheiden. Und nahm ihren zerbeulten Hut.
   Dann
bist du nicht mehr katholisch, sagte er, und gehst wieder

ins Lager. Sie legte den Hut aus der Hand: Zu euren
 Diensten:
eure Ameise will ich sein. Und schloß sich in ihr neues
 Zimmer ein.

Nach dem Krieg lebte sie zur Untermiete und
war angestellt bei der englischen Postzensur: Tag
für Tag schnitt sie faschistische Zeilen aus
deutschen Briefen. Als das Postgeheimnis wieder Gesetz
 war,
zog sie von München nach Potsdam,
zeigte mir ihren Gott, den ich nicht sah, kratzte
unter alten Frauen Scheiße
aus den Laken, sagte zu ihrem Sohn: Warum
gehst du nicht auf den Hof
spielen und fiel tot neben den Küchenherd.

Die Rätsel sind gelöst:
ihr Hirn sprang über.
Sie wollte nicht Heimat sagen:
Sie hatte kein Dach darüber.

Aus: Thomas Brasch: *Der schöne 27. September. Gedichte.*
Mit einem Nachwort von Christa Wolf. Suhrkamp Verlag,
Frankfurt am Main 2004.

Franz Friedrich liest
Bruno Schulz

Die geniale Epoche

I

Gewöhnliche Fakten sind in der Zeit aneinandergereiht, sie sind auf deren Verlauf gefädelt wie auf eine Schnur. Dort haben sie ihre Antezedenzien und ihre Konsequenzen, die dicht aufeinander folgen und einander ohne Pausen und ohne Lücken auf den Fersen sind. Das gilt auch für eine Narration, deren Seele aus Kontinuität und Sukzession besteht.

Doch was soll man mit den Ereignissen tun, die keinen eigenen Platz in der Zeit haben, mit Ereignissen, die zu spät gekommen waren, als die Zeit schon zur Gänze vergeben, verteilt und vergriffen war, was tun mit den Ereignissen, die nun gleichsam im Stich gelassen, nicht eingeordnet sind, die in der Luft hängen, heimatlos und verloren?

Ist denn die Zeit zu eng für alle Ereignisse gewesen? Kann es sein, daß schon alle Plätze in der Zeit ausverkauft sind? Besorgt laufen wir den ganzen Zug der Ereignisse ab, der schon zur Abfahrt bereitsteht.

Um Himmels willen, sollte es denn hier keine wie auch immer geartete Agiotage mit Fahrkarten für die Zeit geben? ... Herr Schaffner!

Immer mit der Ruhe! Wir werden das ohne überflüssige Panik, still und leise, in einem eigens dafür bestimmten Einsatzbereich erledigen.

Hat der Leser schon je etwas von den parallelen Zeitbahnen in einer zweigleisigen Zeit gehört? Ja, es gibt solche Seitenarme der Zeit, sie sind zwar ein bißchen illegal und problematisch, doch wenn man solch eine Konterbande, solch überzähliges, nicht einzureihendes Geschehen befördert, wie wir es tun – dann darf man nicht zimperlich sein. Versuchen wir, solch einen Seitenarm, ein blindes Gleis an irgendeinem Punkt der Geschichte abzuzweigen, um diese illegalen Geschehnisse dort hineinzuzwängen. Nur keine Bange. Es wird unbemerkt geschehen, der Leser wird keine Erschütterung spüren. Wer weiß – vielleicht haben wir, während wir davon sprechen, diese unsaubere Manipulation schon hinter uns gebracht und fahren bereits auf so einem blinden Gleis dahin.

Aus: Bruno Schulz: *Das Sanatorium zur Sanduhr*. Aus dem Polnischen neu übersetzt von Doreen Daume. Herausgegeben und kommentiert von Jerzy Jarzębski. Mit 15 Illustrationen von Bruno Schulz. dtv, München 2013.

Tomer Gardi liest
Aharon Shabtai

Tikun

Das Entsetzen
das furchtbare Unglück
die Angst
die Trümmer der Dummheit
die Dumpfheit der Religion
die Blindheit
die Brutalität der Verzweiflung
wird kein Offizier zum Guten wenden
keine Bombe, kein Flugzeug
nicht noch mehr Blut.
Nur Herzensweisheit wird heilen
die Ärztin, der Arzt, werden heilen
heilen werden nur der gute Lehrer
die gute Lehrerin
Sanitäter, ob arabisch, ob jüdisch
heilen wird der gelassen Reisende, der Radfahrer
wer mit dem Sandwich in der Hand
die Straße langgeht
wer die Augen aufmacht, wird heilen
wer teilnahmsvoll spricht, wird heilen
wer zuhört, wird heilen
Bildung wird heilen
wer innehält und nachdenkt wird heilen
heilen wird, wer uns Wege des Gebens
und der Zuneigung zeigt

der Maler wird heilen, der Dichter
heilen werden die Schüler des Friedens
die Kindergärtner des Friedens.

Aus dem Hebräischen von Anne Birkenhauer

Erstmals auf Hebräisch erschienen in: *Yedioth Ahronoth*,
Oktober 2023.

Charlotte Gneuß liest
Ingeborg Bachmann und Paul Celan

Ingeborg Bachmann an Paul Celan, Wien, 27. 9. 1950

Liebster,
ich habe so große Sehnsucht nach ein wenig Geborgenheit, daß ich beinahe Angst habe, sie bald zu finden. Du wirst viel Geduld mit mir haben müssen – oder aber es sehr einfach mit mir haben. Ich bin verloren, verzweifelt und verbittert und weiß, daß ich mir von Paris allein nicht die Lösung aller dieser inneren Schwierigkeiten erwarten darf, sondern daß viel auf mich und viel auf unsere Beziehung ankommen wird.

Ich freue und fürchte mich abwechselnd auf das Kommende; die Furcht überwiegt noch. Versuche bitte, gut zu mir zu sein und mich festzuhalten! Manchmal glaube ich, alles ist ein verworrener Traum, und es gibt Dich gar nicht und Paris nicht und nur die mich zermalmende, schreckliche, hundertköpfige Hydra Armut, die mich nicht loslassen will.

Mein Visum soll ich am 5. Oktober abholen; hoffentlich ist es dann wirklich fertig. Wenn dazu auch das nötige Geld einträfe, hätte ich, nach langer Zeit, wieder Grund, glücklich zu sein.

Ich umarme Dich, Lieber, und gebe Dir bald Nachricht von meiner Abreise!
Deine
Ingeborg.
Den 27. September 1950

Paul Celan an Ingeborg Bachmann, Paris, am oder nach dem 14.10.1950

Liebe Ingeborg,
es ist halb fünf, und ich muß nun zu meinem Schüler. Es war unser erstes Rendezvous in Paris, mein Herz klopft ganz laut, und Du bist nicht gekommen.

Ich muß heute noch zwei Stunden geben, habe weit zu fahren und bin erst gegen drei Viertel neun zurück.

Der Steckkontakt für Dein Bügeleisen steckt in der Lampe; sei aber vorsichtig und schließ die Tür gut zu, damit sie im Hotel nicht merken, daß Du bügelst. Schreibe auch Deine Briefe. Auf Briefe warten ist schwer.

Und denk ein wenig an das, was über mich strich, als ich zu Dir sprach.

Paul

Aus: Ingeborg Bachmann/Paul Celan: *Herzzeit. Der Briefwechsel*. Suhrkamp Verlag, Berlin 2016.

Valeria Gordeev liest
Franz Kafka

Der plötzliche Spaziergang

Wenn man sich am Abend endgültig entschlossen zu
haben scheint, zu Hause zu bleiben, den Hausrock angezogen hat, nach dem Nachtmahl beim beleuchteten Tische
sitzt und jene Arbeit oder jenes Spiel vorgenommen hat,
nach dessen Beendigung man gewohnheitsgemäß schlafen
geht, wenn draußen ein unfreundliches Wetter ist, welches
das Zuhausebleiben selbstverständlich macht, wenn man
jetzt auch schon so lange bei Tisch stillgehalten hat, daß
das Weggehen allgemeines Erstaunen hervorrufen müßte,
wenn nun auch schon das Treppenhaus dunkel und das
Haustor gesperrt ist, und wenn man nun trotz alledem in
einem plötzlichen Unbehagen aufsteht, den Rock wech-
selt, sofort straßenmäßig angezogen erscheint, weggehen
zu müssen erklärt, es nach kurzem Abschied auch tut, je
nach der Schnelligkeit, mit der man die Wohnungstür zu-
schlägt, mehr oder weniger Ärger zu hinterlassen glaubt,
wenn man sich auf der Gasse wiederfindet, mit Gliedern,
die diese schon unerwartete Freiheit, die man ihnen ver-
schafft hat, mit besonderer Beweglichkeit beantworten,
wenn man durch diesen einen Entschluß alle Entschluß-
fähigkeit in sich gesammelt fühlt, wenn man mit größe-
rer als der gewöhnlichen Bedeutung erkennt, daß man ja
mehr Kraft als Bedürfnis hat, die schnellste Veränderung
leicht zu bewirken und zu ertragen, und wenn man so die
langen Gassen hinläuft, – dann ist man für diesen Abend

gänzlich aus seiner Familie ausgetreten, die ins Wesenlose abschwenkt, während man selbst, ganz fest, schwarz vor Umrissenheit, hinten die Schenkel schlagend, sich zu seiner wahren Gestalt erhebt.

Verstärkt wird alles noch, wenn man zu dieser späten Abendzeit einen Freund aufsucht, um nachzusehen, wie es ihm geht.

Aus: Franz Kafka: *Die Erzählungen und andere ausgewählte Prosa.* Herausgegeben von Roger Hermes. Fischer Taschenbuch, Frankfurt am Main 1996.

Lena Gorelik liest
Hannah Arendt

Ich bin in der Tat heute der Meinung, dass das Böse immer nur extrem ist, aber niemals radikal, es hat keine Tiefe, auch keine Dämonie. Es kann die ganze Welt verwüsten, gerade weil es wie ein Pilz an der Oberfläche weiterwuchert. Tief aber, und radikal ist immer nur das Gute.

Zitat aus einem Brief an Gershom Scholem vom 20. Juli 1963.

Aus: Hannah Ahrendt/Gershom Scholem: *Der Briefwechsel*. Herausgegeben von Marie Luise Knott. Unter Mitarbeit von David Heredia. Jüdischer Verlag im Suhrkamp Verlag, Berlin 2010.

Joshua Groß liest
Elke Erb

Anteilnahme

Der Fuchs stubst an die Treppe
mit der Nase. Unten. An die Treppe.
Nein, beim Treppensteigen. An die Stufen.
Stubst er.

Prüft er? Sucht er?

Denn der Mond scheint wieder.
Mondlicht steht mit hohen Palmen.
Hohe Palmen teilen einen Strand.

Liege im Gebäude, träume
einen Fuchs,

und bin im Hause wohl die feine
Füchsin heimlich, nehme Anteil,
träume die bereite

Treppe draußen, Kanten, Kömmling
nehme Wolken, Palmen, weiß den
Mond, weiß Wasser, einen Strand.

Gehe zum Balkon hinaus und warte,
warte meine Weile an der Brüstung.

30.09.04

Aus: Elke Erb: *Gedichte und Kommentare*. poetenladen,
Leipzig 2016.

Durs Grünbein liest
Franz Kafka

Schakale und Araber

Wir lagerten in der Oase. Die Gefährten schliefen. Ein Araber, hoch und weiß, kam an mir vorüber; er hatte die Kamele versorgt und ging zum Schlafplatz.

Ich warf mich rücklings ins Gras; ich wollte schlafen; ich konnte nicht; das Klagegeheul eines Schakals in der Ferne; ich saß wieder aufrecht. Und was so weit gewesen war, war plötzlich nah. Ein Gewimmel von Schakalen um mich her; in mattem Gold erglänzende, verlöschende Augen; schlanke Leiber, wie unter einer Peitsche gesetzmäßig und flink bewegt.

Einer kam von rückwärts, drängte sich, unter meinem Arm durch, eng an mich, als brauche er meine Wärme, trat dann vor mich und sprach, fast Aug in Aug mit mir:

»Ich bin der älteste Schakal, weit und breit. Ich bin glücklich, dich noch hier begrüßen zu können. Ich hatte schon die Hoffnung fast aufgegeben, denn wir warten unendlich lange auf dich; meine Mutter hat gewartet und ihre Mutter und weiter alle ihre Mütter bis hinauf zur Mutter aller Schakale. Glaube es!«

»Das wundert mich«, sagte ich und vergaß, den Holzstoß anzuzünden, der bereit lag, um mit seinem Rauch die Schakale abzuhalten, »das wundert mich sehr zu hören. Nur zufällig komme ich aus dem hohen Norden und bin auf einer kurzen Reise begriffen. Was wollt ihr denn, Schakale?«

Und wie ermutigt durch diesen vielleicht allzu freundlichen Zuspruch zogen sie ihren Kreis enger um mich; alle atmeten kurz und fauchend.

»Wir wissen«, begann der Älteste, »daß du vom Norden kommst, darauf eben baut sich unsere Hoffnung. Dort ist der Verstand, der hier unter den Arabern nicht zu finden ist. Aus diesem kalten Hochmut, weißt du, ist kein Funken Verstand zu schlagen. Sie töten Tiere, um sie zu fressen, und Aas mißachten sie.«

»Rede nicht so laut«, sagte ich, »es schlafen Araber in der Nähe.«

»Du bist wirklich ein Fremder«, sagte der Schakal, »sonst wüßtest du, daß noch niemals in der Weltgeschichte ein Schakal einen Araber gefürchtet hat. Fürchten sollten wir sie? Ist es nicht Unglück genug, daß wir unter solches Volk verstoßen sind?«

»Mag sein, mag sein«, sagte ich, »ich maße mir kein Urteil an in Dingen, die mir so fern liegen; es scheint ein sehr alter Streit; liegt also wohl im Blut; wird also vielleicht erst mit dem Blute enden.«

»Du bist sehr klug«, sagte der alte Schakal; und alle atmeten noch schneller; mit gehetzten Lungen, trotzdem sie doch stillestanden; ein bitterer, zeitweilig nur mit zusammengeklemmten Zähnen erträglicher Geruch entströmte den offenen Mäulern, »du bist sehr klug; das, was du sagst, entspricht unserer alten Lehre. Wir nehmen ihnen also ihr Blut und der Streit ist zu Ende.«

»Oh!« sagte ich wilder, als ich wollte, »sie werden sich wehren; sie werden mit ihren Flinten euch rudelweise niederschießen.«

»Du mißverstehst uns«, sagte er, »nach Menschenart, die sich also auch im hohen Norden nicht verliert. Wir werden sie doch nicht töten. Soviel Wasser hätte der Nil nicht, um uns rein zu waschen. Wir laufen doch schon vor dem bloßen Anblick ihres lebenden Leibes weg, in reinere Luft, in die Wüste, die deshalb unsere Heimat ist.«

Und alle Schakale ringsum, zu denen inzwischen noch viele von fernher gekommen waren, senkten die Köpfe zwischen die Vorderbeine und putzten sie mit den Pfoten; es war, als wollten sie einen Widerwillen verbergen, der so schrecklich war, daß ich am liebsten mit einem hohen Sprung aus ihrem Kreis entflohen wäre.

»Was beabsichtigt Ihr also zu tun«, fragte ich und wollte aufstehn; aber ich konnte nicht; zwei junge Tiere hatten sich mir hinten in Rock und Hemd festgebissen; ich mußte sitzen bleiben. »Sie halten deine Schleppe«, sagte der alte Schakal erklärend und ernsthaft, »eine Ehrbezeugung.« »Sie sollen mich loslassen!« rief ich, bald zum Alten, bald zu den Jungen gewendet. »Sie werden es natürlich«, sagte der Alte, »wenn du es verlangst. Es dauert aber ein Weilchen, denn sie haben nach der Sitte tief sich eingebissen und müssen erst langsam die Gebisse voneinander lösen. Inzwischen höre unsere Bitte.« »Euer Verhalten hat mich dafür nicht sehr empfänglich gemacht«, sagte ich. »Laß uns unser Ungeschick nicht entgelten«, sagte er und nahm jetzt zum erstenmal den Klageton seiner natürlichen Stimme zu Hilfe, »wir sind arme Tiere, wir haben nur das Gebiß; für alles, was wir tun wollen, das Gute und das Schlechte, bleibt uns einzig das Gebiß.« »Was willst du also?« fragte ich, nur wenig besänftigt.

»Herr«, rief er, und alle Schakale heulten auf; in fernster Ferne schien es mir eine Melodie zu sein. »Herr, du sollst den Streit beenden, der die Welt entzweit. So wie du bist, haben unsere Alten den beschrieben, der es tun wird. Frieden müssen wir haben von den Arabern; atembare Luft; gereinigt von ihnen den Ausblick rund am Horizont; kein Klagegeschrei eines Hammels, den der Araber absticht; ruhig soll alles Getier krepieren; ungestört soll es von uns leergetrunken und bis auf die Knochen gereinigt werden. Reinheit, nichts als Reinheit wollen wir«, – und nun weinten, schluchzten alle – »wie erträgst nur du es in dieser Welt, du edles Herz und süßes Eingeweide? Schmutz ist ihr Weiß; Schmutz ist ihr Schwarz; ein Grauen ist ihr Bart; speien muß man beim Anblick ihrer Augenwinkel; und heben sie den Arm, tut sich in der Achselhöhle die Hölle auf. Darum, o Herr, darum o teurer Herr, mit Hilfe deiner alles vermögenden Hände, mit Hilfe deiner alles vermögenden Hände schneide ihnen mit dieser Schere die Hälse durch!« Und einem Ruck seines Kopfes folgend kam ein Schakal herbei, der an einem Eckzahn eine kleine, mit altem Rost bedeckte Nähschere trug.

»Also endlich die Schere und damit Schluß!« rief der Araberführer unserer Karawane, der sich gegen den Wind an uns herangeschlichen hatte und nun seine riesige Peitsche schwang.

Alles verlief sich eiligst, aber in einiger Entfernung blieben sie doch, eng zusammengekauert, die vielen Tiere so eng und starr, daß es aussah wie eine schmale Hürde, von Irrlichtern umflogen.

»So hast du, Herr, auch dieses Schauspiel gesehen und gehört«, sagte der Araber und lachte so fröhlich, als es die Zurückhaltung seines Stammes erlaubte. »Du weißt also, was die Tiere wollen?« fragte ich. »Natürlich, Herr«, sagte er, »das ist doch allbekannt; solange es Araber gibt, wandert diese Schere durch die Wüste und wird mit uns wandern bis ans Ende der Tage. Jedem Europäer wird sie angeboten zu dem großen Werk; jeder Europäer ist gerade derjenige, welcher ihnen berufen scheint. Eine unsinnige Hoffnung haben diese Tiere; Narren, wahre Narren sind sie. Wir lieben sie deshalb; es sind unsere Hunde; schöner als die Eurigen. Sieh nur, ein Kamel ist in der Nacht verendet, ich habe es herschaffen lassen.«

Vier Träger kamen und warfen den schweren Kadaver vor uns hin. Kaum lag er da, erhoben die Schakale ihre Stimmen. Wie von Stricken unwiderstehlich jeder einzelne gezogen, kamen sie, stockend, mit dem Leib den Boden streifend, heran. Sie hatten die Araber vergessen, den Haß vergessen, die alles auslöschende Gegenwart des stark ausdunstenden Leichnams bezauberte sie. Schon hing einer am Hals und fand mit dem ersten Biß die Schlagader. Wie eine kleine rasende Pumpe, die ebenso unbedingt wie aussichtslos einen übermächtigen Brand löschen will, zerrte und zuckte jede Muskel seines Körpers an ihrem Platz. Und schon lagen in gleicher Arbeit alle auf dem Leichnam hoch zu Berg.

Da strich der Führer kräftig mit der scharfen Peitsche kreuz und quer über sie. Sie hoben die Köpfe; halb in Rausch und Ohnmacht; sahen die Araber vor sich stehen; bekamen jetzt die Peitsche mit den Schnauzen zu fühlen; zogen sich im Sprung zurück und liefen eine Strecke rückwärts. Aber das Blut des Kamels lag schon in Lachen da, rauchte empor, der Körper war an mehreren Stellen weit aufgerissen. Sie konnten nicht widerstehen; wieder waren sie da; wieder hob der Führer die Peitsche; ich faßte seinen Arm.

»Du hast Recht, Herr«, sagte er, »wir lassen sie bei ihrem Beruf; auch ist es Zeit aufzubrechen. Gesehen hast du sie. Wunderbare Tiere, nicht wahr? Und wie sie uns hassen!«

Aus: Franz Kafka: *Die Erzählungen und andere ausgewählte Prosa*. Herausgegeben von Roger Hermes. Fischer Taschenbuch, Frankfurt am Main 1996.

Katharina Hacker liest
Jehuda Amichai

Der Mutter

A.
Wie eine alte Windmühle,
immer zwei Hände erhoben, gen Himmel zu schreien,
und zwei gesenkt, um Brote zu schmieren.

Ihre Augen sind sauber und blank
wie ein Pessach-Vorabend.

Nachts legt sie alle Briefe
und Photographien nebeneinander

und mißt an ihnen
die Länge von Gottes Finger.

B.
Ich will in den tiefen Schluchten
ihres Schluchzens gehen.

Ich will im Wüstenwind
ihres Schweigens stehen.

Ich will an den rauhen Stämmen
ihres Schmerzes lehnen.

C.
Sie legte mich
wie Hagar den Ismael
unter einen der Büsche.

Damit sie mein Sterben nicht sehe, im Krieg
unter einem der Büsche,
in einem der Kriege.

Aus: Jehuda Amichai: *Zeit. Gedichte.* Aus dem Hebräischen von Lydia Böhmer und Paulus Böhmer. Suhrkamp Verlag, Frankfurt am Main 1998.

Ernst-Wilhelm Händler liest
Robert Musil

»Man kann nicht, nicht wissen wollen!«

Aus: Robert Musil: *Der Mann ohne Eigenschaften*. Rowohlt Verlag, Reinbek bei Hamburg 1981, Bd. 1.

Petra Hardt liest
Rose Ausländer

Wandel

Verdorrte Blätter zeigen
und was der Tod vermag.
Wir kleiden uns in Schweigen
und düstern mit dem Tag.

Es kreisen schon die Krähen
um alles was verfällt.
Der Herr läßt es geschehen,
daß nichts zusammenhält.

Und ist es dann geboten, •
daß endet was begann,
so flehen wir die Toten
um neuen Wandel an.

Aus: Rose Ausländer: *Gesammelte Werke*, Band 1.
Herausgegeben von Helmut Braun. S. Fischer Verlag,
Frankfurt am Main 1985.

Petra Hardt liest
Nelly Sachs

Immer
dort wo Kinder sterben
werden die leisesten Dinge heimatlos.
Der Schmerzensmantel der Abendröte
darin die dunkle Seele der Amsel
die Nacht heranklagt –
kleine Winde über zitternde Gräser hinwehend
die Trümmer des Lichtes verlöschend
und Sterben säend –

Immer
dort wo Kinder sterben
verbrennen die Feuergesichter
der Nacht, einsam in ihrem Geheimnis –
Und wer weiß von den Wegweisern
die der Tod ausschickt:
Geruch des Lebensbaumes,
Hahnenschrei der den Tag verkürzt
Zauberuhr vom Grauen des Herbstes
in die Kinderstuben hinein verwunschen –
Spülen der Wasser an die Ufer des Dunkels
rauschender, ziehender Schlaf der Zeit –

Immer
dort wo Kinder sterben
verhängen sich die Spiegel der Puppenhäuser
mit einem Hauch,
sehen nicht mehr den Tanz der Fingerliliputaner
in Kinderblutatlas gekleidet;
Tanz der stille steht
wie eine im Fernglas
mondentrückte Welt.

Immer
dort wo Kinder sterben
werden Stein und Stern
und so viele Träume
heimatlos.

Aus: Nelly Sachs: *Werke. Kommentierte Ausgabe in vier Bänden*. Band 1: *Gedichte 1940–1950*. Herausgegeben von Matthias Weichelt. Suhrkamp Verlag, Frankfurt am Main 2010.

Hadija Haruna-Oelker liest
bell hooks

Eine Erweckung zur Liebe kann nur stattfinden, wenn wir uns von den Vorstellungen von Macht und Dominanz lossagen, von denen wir förmlich besessen sind. Sämtliche Bereiche des amerikanischen Lebens – Politik, Religion, Arbeit, Familie, Beziehungen – könnten und sollten sich kulturell betrachtet auf eine Ethik der Liebe stützen. Die grundlegenden Werte einer Kultur und Ethik prägen und gestalten unser Sprechen und Handeln. Eine Ethik der Liebe setzt voraus, dass jeder Mensch das Recht auf Freiheit hat, auf ein gutes Leben mit allen Möglichkeiten. Damit eine Ethik der Liebe in jedem Bereich unseres Lebens wirken kann, müsste unsere Gesellschaft zu einem Wandel bereit sein. Am Ende von *Die Kunst des Liebens* bekräftigt Erich Fromm, in unserer Gesellschaftsstruktur müssten »wichtige und radikale Veränderungen vorgenommen werden, wenn die Liebe zu einem gesellschaftlichen Phänomen werden und nicht eine höchstindividuelle Randerscheinung bleiben soll«. Wer sich für die Liebe entscheidet, kann das Leben so verändern, dass die Ethik der Liebe Vorrang hat. Das geschieht etwa dadurch, dass wir uns entscheiden, mit Menschen zusammenzuarbeiten, die wir bewundern und respektieren, oder dass wir uns voll und ganz auf Beziehungen einlassen, oder indem wir eine globale Perspektive einnehmen und erkennen, dass unser Leben und unser Schicksal eng mit dem aller anderen Menschen auf diesem Planeten verbunden ist.

Die Umsetzung einer Liebesethik verändert unser Leben, weil wir uns an anderen Werten orientieren. Im Großen wie im Kleinen handeln wir in der Überzeugung, dass Ehrlichkeit, Offenheit und persönliche Integrität in öffentlichen wie privaten Angelegenheiten zum Ausdruck kommen sollen. So habe ich mich beispielsweise entschieden, in eine Kleinstadt zu ziehen, um in der Nähe meiner Familie zu leben, auch wenn mein neuer Wohnort kulturell nicht so viel zu bieten hat wie die Großstadt. Freunde von mir leben daheim bei ihren Eltern und kümmern sich um sie, auch wenn sie genügend Geld hätten, um woanders zu wohnen. Wer nach der Ethik der Liebe lebt, lernt Loyalität und anhaltende Bindungen mehr zu schätzen als materiellen Erfolg. Die eigene Karriere und das Geldverdienen bleiben zwar auf der Agenda, sie haben jedoch nie Vorrang vor dem Wert des menschlichen Lebens und Wohlbefindens, das es zu stärken gilt.

Ich kenne niemanden, dessen Leben, nachdem er sich für die Ethik der Liebe entschieden hat, nicht erfüllender und freudvoller wurde. Die weitverbreitete Vorstellung, ethisches Verhalten nehme dem Leben den Spaß, ist falsch. Tatsächlich sorgt eine ethische Lebensführung sogar dafür, dass unsere Beziehungen und auch zufällige Begegnungen unser spirituelles Wachstum fördern. Ein unethisches Verhalten ohne Rücksicht auf die Konsequenzen unseres Handelns ist ein bisschen so, als ob man tonnenweise Junkfood äße. Es schmeckt vielleicht ganz gut, doch am Ende ist der Körper nicht ausreichend mit Nährstoffen versorgt und verharrt in einem Dauerzustand des Mangels und Verlangens. Unsere Seele spürt diesen Mangel, wenn wir uns unethisch verhalten, unserem Geist schaden und andere nicht mehr als Menschen wahrnehmen.

Aus: bell hooks: *Alles über Liebe. Neue Sichtweisen.* Aus dem Amerikanischen von Heike Schlatterer. HarperCollins, Hamburg 2021.

Josef Haslinger liest
Friedrich Hölderlin

Hälfte des Lebens

Mit gelben Birnen hänget
Und voll mit wilden Rosen
Das Land in den See,
Ihr holden Schwäne,
Und trunken von Küssen
Tunkt ihr das Haupt
Ins heilignüchterne Wasser.

Weh mir, wo nehm' ich, wenn
Es Winter ist, die Blumen, und wo
Den Sonnenschein,
Und Schatten der Erde?
Die Mauern stehn
Sprachlos und kalt, im Winde
Klirren die Fahnen.

Aus: *Phantastisch zwecklos ist mein Lied. Deutsche Gedichte vom Mittelalter bis zur Klassischen Moderne.* Fischer Taschenbuch Verlag, Frankfurt am Main 2008.

Thomas Hauschild liest
Martin Buber

Keine Deklarationen mehr!
Rede auf dem XVI. Zionisten-Kongreß (1929)

Ich spreche von der Araberfrage, den Blick ernst und klar auf die Tatsachen gerichtet, in all ihren harten und grausamen Schwierigkeiten. Trotzdem, nein, eben deshalb sage ich, daß sich auch in dieser Frage in unserer Mitte eine nationalistische Assimilation breitmacht. Erinnern wir uns daran – vielmehr, wir brauchen uns nicht erst zu erinnern, jede Stunde unseres Lebens trägt das Zeichen davon –, wie die anderen Völker uns angesehen haben und allerorten noch ansehen, als das Fremde, als das Niedrigere. Hüten wir uns davor, das, was uns fremd und nicht genügend bekannt ist, als das Niedrigere anzusehen und so zu behandeln! Hüten wir uns, das, was uns widerfahren ist, nunmehr selbst zu tun! Gewiß – ich betone es nochmals – ist Selbstbehauptung die selbstverständliche Voraussetzung aller unserer Handlungen; aber sie ist nicht genug; es gehört auch Phantasie dazu: die Fähigkeit, sich die Seele des andern, des Fremden nach der Wirklichkeit der eignen vorzustellen. Ich darf ein Bekenntnis nicht verschweigen: es war für mich erschreckend in Palästina, wie wenig wir den arabischen Menschen kennen. Ich täusche mich nicht, ich lüge mir nicht vor, daß gegenwärtig eine Interessenharmonie zwischen den Arabern und uns bestünde oder einfach hergestellt werden könnte. Aber dennoch, bei aller ernsten Interessenverschiedenheit, die nicht bloß aus Illusion und nicht bloß aus Politik kommt, bei all dem ist eine gemeinsame Landespolitik möglich, weil dort und hier dieses Land geliebt wird, dort und hier die Zukunft dieses Landes gewollt wird, also gemeinsam geliebt und gemeinsam gewollt wird: darum ist es möglich, für dieses Land gemeinsam zu arbeiten.

Aus: Martin Buber: *Ein Land und zwei Völker. Zur jüdisch-arabischen Frage.* Herausgegeben und eingeleitet von Paul R. Mendes-Flohr. Insel Verlag, Frankfurt am Main 1983.

Sandra Hetzl liest
Mahmud Darwish

Denk an die Anderen

Während du dein Frühstück bereitest, denk an die Ande-
    ren
Vergiss nicht, die Tauben zu füttern
Während du deine Kriege führst, denk an die Anderen
Vergiss nicht jene, die Frieden fordern
Während du deine Wasserrechnung bezahlst, denk an die
    Anderen
jene, die ihr Wasser aus Wolken saugen
Während du nach Hause zurückkehrst, dein Haus
vergiss nicht das Volk der Zeltbewohner
Während du schläfst und Planeten zählst, denk an die
    Anderen
die, die keinen Platz zum Schlafen haben
Während du dich selbst metaphernreich befreist, denk an
    die Anderen
jene, die das Recht verloren haben, zu sprechen
Und während du an all die weit entfernten Anderen
    denkst, denk an dich selbst.
Sag: wäre ich doch eine Kerze im Dunkeln.

Aus dem Arabischen von Sandra Hetzl

Felicitas Hoppe liest
Ossip Mandelstam

Die Angst nimmt mich an der Hand und führt mich. Ein weißer Zwirnhandschuh. Ein Handschuh ohne Finger. Ich liebe die Angst, ich verehre sie. Fast hätte ich gesagt: ›Wenn die Angst bei mir ist, habe ich keine Angst.‹ Die Mathematiker hätten der Angst ein Zelt bauen müssen, weil sie die Koordinate von Raum und Zeit ist: sie haben teil an ihr wie der gewalkte Filz an einer Kibitka. Die Angst spannt die Pferde aus, wenn man abfahren muß, und schickt uns Träume mit grundlos niedrigen Stubendecken.

Aus: Ossip Mandelstam: *Die ägyptische Briefmarke*. Aus dem Russischen von Gisela Drohla. Suhrkamp Verlag, Frankfurt am Main 1965.

Florian Illies liest
Mascha Kaléko

Sehnsucht nach einer kleinen Stadt

... Jetzt müßte man in einer Kleinstadt sein
Mit einem alten Marktplatz in der Mitte,
Wo selbst das Echo nächtlich leiser Schritte
Weithin streut jeder hohle Pflasterstein,

Wo vor dem Rathaus rostge Brunnen stehen
In einem toten, längst vergessnen Stil,
Wo selbst aus Erz die Statuen mit Gefühl
Des Abends Liebespaare wandeln sehen,

Wo alte Höfe unentdeckt noch träumen,
Als wären sie von einer andern Welt,
Nur ab und zu ein Dackel leise bellt,
Und blonde Kinder spielen unter Bäumen.

Da blühn Geranien, Tulpen und Narzissen
Vor Fenstern winzig wie im Puppenhaus.
Zum ziegelroten Giebeldach heraus
Hängt buntkariert ein bäurisch Federkissen.

Hier haben alle Menschen immer Zeit,
Als machte das Jahrhundert eine Pause.
Hier sitzt man noch auf Bänken vor dem Hause.
– Und etwas abseits gibt's noch Einsamkeit.

Nichts stört die klare Stille in der Nacht.
Wie unbegreiflich nah sind hier die Sterne ...
Gespenstergleich verlischt die Gaslaterne,
Wenn familiär der Mond herunterlacht.

Da scheint uns – fern von allem – vieles glatt,
Was man zuvor mit anderm Maß gemessen.
Man könnte wohl so mancherlei vergessen
In einer solchen braven kleinen Stadt ...

Aus: Mascha Kaléko: *Das lyrische Stenogrammheft*. Rowohlt
Verlag, Reinbek bei Hamburg 1956.

Reinhard Kaiser-Mühlecker liest
Raymond Carver

Der Holzbock

Ich habe den heutigen Morgen vergeudet und ich schäme
   mich sehr.
Als ich gestern zu Bett ging, dachte ich über meinen Papa
   nach.
Über den kleinen Fluss namens Butte Creek, wo wir oft
   fischten,
in der Nähe vom Lake Almanor. Das Wasser redete mich
   in den Schlaf.
Im Traum musste ich mich zusammennehmen, um nicht
   aufzustehen
und umherzuspazieren. Aber als ich frühmorgens dann
   aufwachte,
ging ich stattdessen ans Telefon. Obwohl
doch der Fluss da unten durch das Tal floss,
durch die Wiesen, durch den Klee an seinen Ufern.
Tannen standen an beiden Seiten der Wiesen. Und ich
   war da.
Ein Kind, das auf einem Holzbock saß und von dort
   hinabschaute.
Ich sah meinen Papa, wie er aus der hohlen Hand trank.
Und dann sagte: »Dieses Wasser schmeckt so gut.
Ich wünschte, ich könnte meiner Mutter ein wenig davon
   geben.«
Papa liebte sie immer noch, obwohl sie tot war
und obwohl er seit langem entfernt von ihr lebte.

Ein paar Jahre musste er noch warten,
bis er ihr dorthin folgen konnte, wo sie war. Aber er
    liebte
dieses Land, wo er zu sich kam. Den Westen.
Dreißig Jahre lang grub dieses Land sich in sein Herz
und dann ließ es los. Eines Nachts ging er zu Bett
in irgendeiner Stadt, nördliches Kalifornien,
und wachte nicht mehr auf. Gibt es etwas Einfacheres als
    das?

Ich wünschte, mein Leben, auch mein Tod, könnte so
    einfach sein.
So dass ich mich an einem solch schönen Morgen wie
    diesem, wenn ich aufwache,
nachdem ich die ganze Nacht über irgendwo war, wo ich
    auch sein wollte,
an einem wichtigen Ort, mich völlig selbstverständlich
und ohne darüber nachzudenken an meinen Schreibtisch
    setzen könnte.

Sagen wir, ich machte das, so einfach wie eben beschrie-
    ben.
Aus dem Bett an den Schreibtisch und zurück in die
    Kindheit.
Von dort ist es nicht mehr weit bis zum Holzbock.
Und vom Holzbock könnte ich hinabschauen
und Papa sehen, wann immer ich es not hätte, ihn zu
    sehen.
Meinen Papa, dieses kalte Wasser trinkend. Meinen
    lieben Vater.
Den Fluss, seine Wiesen und Tannen, und den Holzbock.
Das alles. Wo ich einst stand.

Ich wünschte, ich könnte das tun,
ohne mich selbst anflehen zu müssen, es zu tun.
Und ohne mich beschissen zu fühlen,
weil ich mich mit unbedeutendem Zeug beschäftige.
Ich weiß, ich sollte mein Leben endlich ändern.
Dieses Leben mit seinen Komplikationen
und seinen Telefonanrufen ist nicht richtig,
und es ist Zeitverschwendung.
Ich möchte meine Hände in klares Wasser tauchen. So
wie er es tat. Wieder, und dann wieder.

Raymond Carver, 1985.

*Aus dem Amerikanischen von Reinhard Kaiser-Mühl-
ecker*

Aus: *Neue Rundschau*. Heft 3/2009. S. Fischer, Frankfurt am
Main 2009.

Margot Käßmann liest
die Bibel

Der Herr erlöst seine Gefangenen

1 Ein Wallfahrtslied. Wenn der HERR die Gefangenen Zions erlösen wird, so werden wir sein wie die Träumenden. 2 Dann wird unser Mund voll Lachens und unsre Zunge voll Rühmens sein. Da wird man sagen unter den Völkern: Der HERR hat Großes an ihnen getan! 3 Der HERR hat Großes an uns getan; des sind wir fröhlich. 4 HERR, bringe zurück unsre Gefangenen, wie du die Bäche wiederbringst im Südland. 5 Die mit Tränen säen, werden mit Freuden ernten. 6 Sie gehen hin und weinen und tragen guten Samen und kommen mit Freuden und bringen ihre Garben.

Psalm 126. In: Die Bibel nach Martin Luthers Übersetzung. Deutsche Bibelgesellschaft, Stuttgart 2016.

Lothar Kittstein liest
das Siddur Schma Kolenu

Gebet für die Soldaten Israels

Wer unsere Väter Awraham, Jizchak und Jaakow segnete,
Er segne die Soldaten der Verteidigungsarmee Israels, die
auf der Wache stehen für unser Land und die Städte unseres Gottes, von den Grenzen des Libanon bis zur Wüste
Ägyptens, vom Mittelmeer bis zur Arawa, zu Land, in der
Luft und auf dem Meer. Möge der Ewige die Feinde schlagen, die sich gegen uns erheben. Der Heilige, gelobt sei Er,
behüte und rette unsere Soldaten vor jeder Not und Be-
drängnis, vor jedem Leid und Krankheit; Er schicke Segen
und Erfolg für all ihrer Hände Werk. Er unterwerfe ihnen
unsere Feinde und kröne sie mit Rettung und Sieg. An
ihnen gehe der Schriftvers in Erfüllung: Denn der Ewige,
euer Gott, geht mit euch, um für euch gegen eure Feinde zu
kämpfen und euch zu helfen, und wir sagen: Amen.

תפילה לשלום חיילי צה"ל

מִי שֶׁבֵּרַךְ אֲבוֹתֵינוּ אַבְרָהָם יִצְחָק וְיַעֲקֹב הוּא יְבָרֵךְ אֶת חַיָּלֵי צְבָא הַגֲנָּה לְיִשְׂרָאֵל,
הָעוֹמְדִים עַל מִשְׁמַר אַרְצֵנוּ וְעָרֵי אֱלֹהֵינוּ מִגְּבוּל הַלְּבָנוֹן וְעַד מִדְבַּר מִצְרַיִם וּמִן
הַיָּם הַגָּדוֹל עַד לְבוֹא הָעֲרָבָה בַּיַּבָּשָׁה בָּאֲוִיר וּבַיָּם. יִתֵּן ה' אֶת אוֹיְבֵינוּ הַקָּמִים
עָלֵינוּ נִגָּפִים לִפְנֵיהֶם. הַקָּדוֹשׁ בָּרוּךְ הוּא יִשְׁמֹר וְיַצִּיל אֶת חַיָלֵינוּ מִכָּל צָרָה
וְצוּקָה וּמִכָּל נֶגַע וּמַחֲלָה וְיִשְׁלַח בְּרָכָה וְהַצְלָחָה בְּכָל מַעֲשֵׂה יְדֵיהֶם. יַדְבֵּר
שׂוֹנְאֵינוּ תַּחְתֵּיהֶם וִיעַטְּרֵם בְּכֶתֶר יְשׁוּעָה וּבַעֲטֶרֶת נִצָּחוֹן. וִיקַיַם בָּהֶם הַכָּתוּב: כִּי
ה' אֱלֹהֵיכֶם הַהֹלֵךְ עִמָּכֶם לְהִלָּחֵם לָכֶם עִם אֹיְבֵיכֶם לְהוֹשִׁיעַ אֶתְכֶם: וְנֹאמַר אָמֵן:

Aus: *Siddur Schma Kolenu*. Ins Deutsche übersetzt von Raw
Joseph Scheuer. Verlag Morascha, Basel 2017.

Miku Sophie Kühmel liest
Eiichiro Oda

Aus: Eiichiro Oda: *One Piece*. Band 55. Shūeisha,
Tokio 2009.
Englische Übersetzung: Viz Media, San Francisco 2011.

Yves Kugelmann liest
Selma Meerbaum-Eisinger

Sehnsuchtslied

Leise schlägst in deinem Lied du einen Ton an –
und dir ist, als fehlte noch etwas.
Und du suchst verwirrt bei allen Tönen,
ob sie dir nicht sagen können,
wo's zu finden, wo und wie und wann …
Doch der eine ist zu blaß
und zu lüstern ist der zweite
und der dritte ist so voll mit Weite –
viel zu voll.

Du suchst lange – Moll und Dur und Moll
werden lebend unter deinen Händen.
Und dann schlägst du plötzlich eine Taste an,
und – es kommt kein Ton.
Und das Schweigen ist dir wie ein dumpfer Hohn,
denn du weißt es plötzlich ganz genau:
Dieser fehlt dir. Wenn ihn deine Hände fänden,
fiele ab von deinem Lied der Bann,
wär' das Ende nicht mehr leer und grau.

Und du rührst und rührst die Taste –
fragst dich, wo hier wohl die Hemmung liegt,
suchst, ob nicht doch deiner Hände Weiche siegt,
deine Augen betteln voll Verlangen.

Kein Ton kommt. Einsamkeit bleibt nun zu Gaste
in dem Lied, das dir so schwer und süß gereift.

Um den ungespielten Ton wirst du nun ewig bangen,
bangen um das Glück, das dich nur leicht gestreift
in den leisen Nächten, wenn der Mond dich wiegt
und die Stille deine Tränen nicht begreift.

Aus: Selma Meerbaum-Eisinger: *Ich bin in Sehnsucht
eingehüllt. Gedichte eines jüdischen Mädchens an seinen
Freund*. Hrsg. und eingeleitet von Jürgen Serke. Hoffmann und
Campe Verlag, Hamburg 1980.

Irmela von der Lühe liest
Manès Sperber

Längst gehorchte ich nicht mehr den Geboten und beachtete nicht mehr die zahllosen Verbote, die den Alltag des frommen Juden beherrschen. Aber die Zuversicht, mit der ich den Messias erwartet hatte, war die gleiche geblieben. Unser messianisches Gegenstück hieß revolutionäre Aktivität. In allem, was ich da lernte, erlebte und unternahm, hörte ich nicht auf, Gründe für die messianische Zuversicht zu suchen. Es mag sein, daß ich darin auch heute noch fortfahre. Es mag sein, daß ich, seit ich denken kann, keiner Idee begegnet bin, die mich so überwältigt und meinen Weg so stetig bestimmt hat wie die Idee, daß diese Welt nicht bleiben kann, wie sie ist, und daß sie ganz anders, besser werden kann und daß sie es werden wird.

Aus: Manès Sperber: *Die Wasserträger Gottes*. (All das Vergangene, Band 1). Fischer Taschenbuch Verlag, Frankfurt am Main 1993.

Paul Maar liest
Hans Christian Andersen

Nach Jahrtausenden

Ja, nach Jahrtausenden kommen sie auf Flügeln des Dampfes durch die Luft her über das Weltmeer geflogen! Amerikas junge Bewohner besuchen das alte Europa. Sie kommen zu unsern Denkmälern und zu den dann versinkenden Stätten, wie wir in unserer Zeit zu den verfallenden Herrlichkeiten Südasiens wallen.

Nach Jahrtausenden kommen sie!

Die Themse, die Donau, der Rhein rollen noch; der Montblanc steht mit seinem Schneegipfel da, die Nordlichter werfen ihren leuchtenden Schein über die Länder des Nordens; aber Geschlecht zu Geschlecht ward zu Staub, ganze Reihen von Augenblicksgrößen sind vergessen, wie die, welche jetzt schon in dem Hügel schlummern, wo der wohlhabende Mehlhändler, auf dessen Grund und Boden er sich erhebt, sich eine Bank zimmern ließ, dort zu sitzen und über das flache wogende Kornfeld hinauszuschauen.

»Nach Europa!« lautet es bei Amerikas jungem Geschlechte; »nach dem Lande der Väter, nach dem heiligen Lande der Erinnerungen und der Phantasie, nach Europa!«

Das Luftschiff kommt; es ist mit Reisenden überfüllt, denn die Fahrt geht schneller als zur See; der elektromagnetische Draht unter dem Weltmeer hat schon telegraphiert, wie groß die Luftkarawane ist. Schon kommt Europa in Sicht, es ist die irische Küste, die sich zeigt, aber die Passagiere schlafen noch; sie wollen erst geweckt werden, wenn sie über England schweben. Dort betreten sie Europas Boden im Lande Shakespeares, wie es bei den Söhnen des Geistes heißt; im Lande der Politik, im Lande der Maschinen, wie es andere nennen. Einen ganzen Tag währt hier der Aufenthalt, soviel Zeit gönnt das eilfertige Geschlecht dem großen England und Schottland.

Die Fahrt geht durch den Kanaltunnel nach Frankreich, dem Lande Karls des Großen und Napoleons. Molière wird erwähnt, die Gelehrten sprechen von einer klassischen und einer romantischen Schule in dem Altertume, und Helden, Dichter und Gelehrte werden gefeiert, die unsere Zeit nicht kennt; die aber auf Europas Krater geboren werden sollen: in Paris.

Der Luftdampfer fliegt hin über das Land, von wo Columbus ausging, wo Cortez geboren wurde, und wo Calderon seine Dramen in wiegenden Versen sang; schöne schwarzäugige Weiber wohnen noch in den blühenden Tälern, und in uralten Gesängen wird des Cid und der Alhambra gedacht.

Durch die Luft über das Meer nach Italien hin, wo das alte ewige Rom lag; es ist untergegangen; die Campagna ist eine Wüste; von der Peterskirche wird ein vereinzelter Mauerrest gezeigt, doch zweifelt man an seiner Echtheit.

Nach Griechenland, um in dem reichen Hotel auf dem Gipfel des Olympos eine Nacht zu schlafen: so ist man doch dort gewesen. Die Fahrt geht nach dem Bosporus, um dort einige Stunden Rast zu halten und sich die Stätte anzusehen, wo Byzanz lag. Arme Fischer werfen dort ihr Netz aus, wo die Sage von dem Garten des Harems in der Zeit der Türken erzählt.

Über Trümmer von gewaltigen Städten an der mächtigen Donau, von Städten, die unsere Zeit noch nicht kennt, geht die Luftfahrt, aber hier und da – über Stätten reicher Erinnerungen, die sich erst aus dem Schoße der Zeit erheben werden –, hier und da senkt sich die Luftkarawane und erhebt sich dann wieder.

Dort unten liegt Deutschland – das einst mit dem dichtesten Netze von Eisenbahnen und Kanälen umspannt war –, die Lande, wo Luther predigte, Goethe sang und Mozart zu seiner Zeit der Töne Zepter trug. Große Namen glänzten in Wissenschaft und Kunst, Namen, die wir nicht kennen. Einen Tag Aufenthalt für Deutschland und einen Tag für den Norden, für Örsteds und für Linnés Vaterland, und für Norwegen, das Land der alten Helden und der ewig jungen Männer des Nordens. Island wird auf der Heimfahrt mitgenommen, der Geiser kocht nicht länger, der Hekla ist erloschen, aber wie der Sage ewige Steintafel steht die starke Felseninsel mitten im brausenden Meer.

»In Europa ist viel zu sehen!« sagt der junge Amerikaner; »und wir haben es in acht Tagen gesehen, und das geht auch, wie der große Reisende« – hier wird ein Name genannt, der seinen Zeitgenossen angehört – »in seinem berühmten Werke: ›Ganz Europa in acht Tagen‹ bewiesen hat!«

Aus: *H. C. Andersens Gesammelte Märchen.* Schmidt & Günther, Leipzig 1940.

Olga Martynova liest
Paul Celan

Die Pole
sind in uns,
unübersteigbar
im Wachen,
wir schlafen hinüber, vors Tor
des Erbarmens,
ich verliere dich an dich, das
ist mein Schneetrost,
sag, daß Jerusalem *ist*,
sags, als wäre ich dieses
dein Weiß,
als wärst du
meins,
als könnten wir ohne uns wir sein,
ich blättre dich auf, für immer,
du betest, du bettest
uns frei.

Aus: Paul Celan: *Die Gedichte. Kommentierte Gesamtausgabe.*
Suhrkamp Taschenbuch, Frankfurt am Main 2005.

Olga Martynova liest
Elias Canetti

Ein stärkeres Wort für Liebe finden, ein Wort, das wie Wind wäre, aber von unter der Erde, ein Wort, das nicht Berge braucht, aber ungeheure Höhlen, in denen es haust, aus denen es über Täler und Ebenen hervorstürzt, wie Gewässer, aber doch kein Wasser, wie Feuer, aber es brennt nicht, es leuchtet durch und durch wie Kristall, aber es schneidet nicht, es ist durchsichtig und es ist ganz Form, ein Wort wie die Stimmen der Tiere, aber sie verstehen sich, ein Wort wie die Toten, aber sie sind alle wieder da.

Aus: Elias Canetti: *Das Buch gegen den Tod*. Carl Hanser Verlag, München 2014.

Aiman Mazyek hört
Simon & Garfunkel

Hello darkness, my old friend
I've come to talk with you again
Because a vision softly creeping
Left its seeds while I was sleeping
People talking without speaking
People hearing without listening
People writing songs that voices never share
No one dare
Disturb the sound of silence

Aus: Simon & Garfunkel: *The Sound of Silence*
Songwriter: Paul Simon

Aiman Mazyek liest
den Koran

Und gewiß werden Wir euch prüfen durch etwas Angst, Hunger und Minderung an Besitz, Menschenleben und Früchten. Doch verkünde den Geduldigen eine frohe Botschaft

Aus: *Quran* 2:155.

[Der Koran erzählt uns, wie sich der Prophet Hiob zu Gott wandte und um Gnade bat. Er war verarmt, von einer Krankheit heimgesucht und hatte seine Familie, Freunde und seinen Lebensunterhalt verloren, doch er ertrug dies alles geduldig und nachsichtig und er wandte sich Gott zu.] Und Hiob rief zu seinem Herrn: »Unheil hat mich geschlagen, und Du bist der Barmherzigste aller Barmherzigen.« Da erhörten Wir ihn und nahmen sein Unheil hinweg, und Wir gaben ihm seine Familie (wieder) und noch einmal so viele dazu – aus Unserer Barmherzigkeit und als Ermahnung für die (Uns) Verehrenden.

Aus: *Quran* 21: 83–84.

Meron Mendel liest
Jehuda Amichai

Gott erbarmt sich der Kindergartenkinder

Gott erbarmt sich der Kindergartenkinder,
weniger schon der Schulkinder.
Der Großen erbarmt er sich nicht mehr.
Die lässt er allein,
manchmal müssen sie robben
auf dem Weg zur Sammelstelle
durch glühenden Sand,
blutüberströmt.

Der wirklich Liebenden wird er sich vielleicht
erbarmen, barmherzig zeigen, ihnen Schatten schenken
wie der Baum dem Schlafenden auf der Bank,
draußen in der Allee.

Und vielleicht werden auch wir
unsre letzten Münzen der Gnade hervorholen für sie
aus dem Erbe der Mutter,
auf dass der Liebenden Glück uns beschütze,
jetzt und an anderen Tagen.

Aus dem Hebräischen von Anne Birkenhauer

Aus: Jehuda Amichai: Offen *Verschlossen* Offen. *Gedichte.*
Ausgewählt und mit einem Nachwort von Ariel Hirschfeld.
Aus dem Hebräischen von Anne Birkenhauer und anderen.
Jüdischer Verlag im Suhrkamp Verlag, Berlin 2020.

Clemens Meyer liest
Andrej Platonow

Am Morgen war eine große Sonne, und der Wald sang mit der ganzen Fülle seiner Stimme, indem er den Morgenwind tief unter sein Laub fahren ließ. Sachar Pawlowitsch nahm nicht so sehr den Morgen wahr als den Schichtwechsel der Arbeitskräfte. Der Regen war im Erdreich eingeschlafen – ihn ersetzte die Sonne; sie machte, dass geschäftiger Wind aufkam, dass die Bäume raschelten und die Gräser und Sträucher raunten und dass selbst der Regen, noch ohne sich erholt zu haben, wieder auf die Beine kam, geweckt von kitzelnder Wärme, und seinen Körper zu Wolken sammelte.

Sachar Pawlowitsch packte seine Holzerzeugnisse – so viel hineinpassten – in den Sack und ging in die Ferne, auf einem Pilzpfad der Dorfweiber. Den Einsiedler sah er nicht mehr an: Tote sind unansehnlich. Freilich hatte Sachar Pawlowitsch einen Mann gekannt, einen Fischer vom Mutjowosee, der hatte viele Leute über den Tod ausgefragt und an seiner Neugier gelitten; dieser Fischer liebte mehr als alles die Fische, nicht als Speise, sondern als besondere Wesen, die wahrscheinlich das Geheimnis des Todes kannten. Er zeigte Sachar Pawlowitsch die Augen toter Fische und sagte: »Sieh, welche Weisheit. Der Fisch steht zwischen Leben und Tod, darum ist er stumm und sein Blick ohne Ausdruck; selbst ein Kalb denkt, doch ein Fisch nicht – er weiß schon alles.« Der Fischer beobachtete jahrelang den See und dachte immer nur über eines nach – über das Rätsel des Todes. Sachar Pawlowitsch versuchte es ihm auszureden: »Dort gibt es nichts Besonderes, nur irgendwas Enges.« Übers Jahr hielt es der Fischer nicht mehr aus und stürzte sich vom Boot in den See, nachdem er sich mit einem Strick die Füße zusammengebunden hatte, um nicht doch versehentlich zu schwimmen. Insgeheim glaubte er überhaupt nicht an den Tod, er wollte vor allem sehen, was es dort gab, vielleicht war das viel interessanter, als im Dorf zu leben oder am Ufer des Sees; er sah den Tod als ein anderes Gouvernement, unter dem Himmel gelegen, als wäre es am Grunde eines kühlen Wassers, und er fühlte sich zu ihm hingezogen. Manche Männer, zu denen der Fischer von seiner Absicht sprach, eine Zeitlang im Tod zu leben und dann zurückzukehren, wollten es ihm ausreden, andere pflichteten ihm bei: »Na ja, Versuch macht klug, Dmitri Iwanowitsch. Probier's, dann erzählst du's uns.« Dmitri Iwanowitsch probierte es; drei Tage später hatten sie ihn aus dem See gezogen und auf dem Dorffriedhof am Zaun beerdigt.

Jetzt ging Sachar Pawlowitsch am Friedhof vorbei und suchte das Grab des Fischers im Lattenwald der Kreuze. Auf dem Grab des Fischers stand kein Kreuz; er hatte mit seinem Tod kein Herz betrübt, kein Mund hatte seiner gedacht, denn er war nicht kraft seiner Schwäche gestorben, sondern kraft seines neugierigen Verstandes.

Aus: Andrej Platonow: *Tschewengur. Die Wanderung mit offenem Herzen*. Roman. Revidierte Übersetzung. Aus dem Russischen von Renate Reschke. Mit einem Nachwort von Hans Günther und einem dialogischen Essay von Dževad Karahasan und Ingo Schulze. Suhrkamp Verlag, Berlin 2018.

Nils Minkmar liest
Wendy Cope

The Orange

At lunchtime I bought a huge orange –
The size of it made us all laugh.
I peeled it and shared it with Robert and Dave –
They got quarters and I had a half.

And that orange, it made me so happy,
As ordinary things often do
Just lately. The shopping. A walk in the park.
This is peace and contentment. It's new.

The rest of the day was quite easy.
I did all the jobs on my list
And enjoyed them and had some time over.
I love you. I'm glad I exist.

Aus: Wendy Cope: The Orange and Other Poems. Faber and Faber, London 2023.

Nazih Musharbash liest
Mahmud Darwish

Ein anderer Tag wird kommen

Ein anderer Tag wird kommen, ein weiblicher
In durchsichtiger Metapher und vollkommener Schöp-
  fung
Diamantfarben wie auf einer Hochzeitsreise, sonnig,
Sanft, im Halbschatten
Niemand sehnt sich nach Selbstmord oder Emigration
Alles, was außerhalb der Vergangenheit ist, ist normal,
  ist wirklich
Alles ist ursprünglich
Als ob die Zeit Urlaub genommen hätte oder schliefe
Verlängere diese prächtige Zeit
Und lass mich ruhen auf deiner seidenen Brust
Warte auf die freudige Botschaft, wann immer sie
  komme
Selbst wenn wir älter werden, haben wir immer einen
  weiteren Tag
Ein anderer Tag wird kommen, ein weiblicher
Mit singendem Vorzeichen und azurblauem Gruß
Alles wird weiblich, fernab der Vergangenheit
Das Wasser wird fließen aus des Euters Stein
Kein Staub, keine Dürre, keine Verluste
Die Tauben werden in einem verlassenen Panzer
  schlafen

Weil sie kein Nest finden
Im Bett der Liebenden.

*Aus dem Arabischen von Nazih Musharbash anlässlich eines
Kulturabends »Lyrik und Leben von Mahmud Darwish« im
Erich Maria Remarque Friedenszentrum in Osnabrück
am 6. 9. 2012.*

Der Frieden

Friede mit dem, der die Aufmerksamkeit mit mir teilt
Für den Rausch des Lichts, für das Licht eines Falters
In der Nacht dieses Tunnels

Friede mit dem, der den Kelch mit mir teilt
In der Dichte der Nacht, die aus zwei Sitzen strömt:
Friede meinem Gespenst!

Friede … die Worte eines Reisenden in sich selbst
Zu einem Reisenden auf der anderen Seite
Friede … die Tauben zweier Fremder, die das letzte Gurren
Am Rand des Abgrunds miteinander teilen

Friede … die einsame Sehnsucht zweier Feinde,
Auf dem Bürgersteig des Verdrusses zu gähnen

Friede … das Stöhnen zweier Liebender, die sich
Am Mondlicht waschen …

Friede ... die Entschuldigung des Starken bei dem,
Der schwächer ist an Waffen, doch reicher an Weite

Friede ... das Zerbrechen der Schwerter angesichts der
  Schönheit der Natur,
Dort, wo der Tau das Eisen schwächt

Friede ... ein vertrauter, freundlicher, leichtfüßiger Tag,
Der niemandes Feind ist

Friede ... ein Zug, der heimkehrende und verreisende
Menschen zu einem Ausflug vereint in die Vororte der
  Ewigkeit.

Friede ... das öffentliche Eingestehen der Wahrheit:
Was habt ihr mit dem Geiste des Ermordeten gemacht?

Friede ... Gartenarbeit verrichten:
Was werden wir in Kürze säen?

Friede ... in die betörenden Pupillen des Fuchses sehen,
  durch die
Der Instinkt einer ängstlichen Frau geweckt wird

Friede ... ein Ach, das die hohen Töne des andalusischen
Gesanges im Herzen einer blutenden Gitarre stützt

Friede ... ein Trauergedicht auf das Herz eines Jünglings,
  das der Schönheitsfleck
Einer Frau durchbohrte, nicht die Kugel eines Gewehres
  noch die Splitter einer Granate

Friede ... das Besingen eines Lebens hier, inmitten des
  Lebens,
Auf einer Ährensaite

Aus: Mahmut Darwisch: *Belagerungszustand. Gedichte.* Aus
dem Arabischen von Stephan Milich. Verlag Hans Schiler,
Berlin 2012.

Oliver Nachtwey liest
Oscar Wilde

Im Sozialismus wird natürlich all das geändert sein. Es wird keine Menschen geben, die in stinkenden Höhlen und stinkenden Lumpen leben und kranke Kinder in unmöglicher und widerwärtiger Umgebung aufziehen. Die Sicherheit der Gesellschaft wird nicht wie heute von der Witterung abhängen.

[...]

Andrerseits ist *der Sozialismus lediglich darum von Wert, weil er zum Individualismus führt.*

Der Sozialismus, Kommunismus, oder wie immer man den Zustand nennen will, gibt dadurch, daß er das Privateigentum in eine öffentlich-rechtliche Institution verwandelt und die Genossenschaft an die Stelle der Konkurrenz setzt, der Gesellschaft ihren eigentlichen Charakter, den eines durchweg gesunden Organismus, zurück und sichert jedem Glied der Gemeinschaft das materielle Wohlergehen. Er gibt in der Tat dem Leben seine rechte Grundlage und seine rechte Umgebung. Aber für die volle Entfaltung des Lebens zum höchsten Grad seiner Vollendung tut noch etwas mehr not. Was not tut, ist der Individualismus. Wenn der Sozialismus autoritär ist, wenn es in ihm Regierungen gibt, die mit ökonomischer Gewalt bewaffnet sind, wie jetzt mit politischer: wenn wir mit einem Wort den Zustand der industriellen Tyrannis haben werden, dann wird die letzte Stufe des Menschen schlimmer sein als die erste. Jetzt sind infolge des Vorhandenseins von Privateigentum sehr viele Menschen imstande, einen gewissen, recht beschränkten Grad des Individualismus zu erreichen. Entweder stehen sie nicht unter dem Zwange, für ihren Lebensunterhalt zu arbeiten, oder sie sind imstande, ein Tätigkeitsfeld zu wählen, das ihnen wahrhaft entspricht und ihnen Freude macht.

[...]

Unter den neuen Umständen wird der Individualismus viel freier, viel schöner und viel intensiver sein als heutigentags. Ich spreche nicht von der großen Phantasiewirklichkeit der Individualität bei solchen Dichtern, wie ich sie eben genannt habe, sondern von der großen tatsächlich wirkenden Individualität, die in der Menschheit im allgemeinen latent und bereit ist. Denn die Anerkennung des Privateigentums hat in der Tat den Individualismus geschädigt und verdunkelt, indem es den Menschen verwechselte mit dem, was er besitzt. Es hat den Individualismus völlig in die Irre geführt. Es hat ihm Gewinn, nicht Wachstum zum Ziel gemacht. So daß der Mensch dachte, die Hauptsache sei, zu haben, und nicht wußte, daß es die Hauptsache ist, zu sein. *Die wahre Vollkommenheit des Menschen liegt nicht in dem, was er hat, sondern in dem, was er ist.* Das Privateigentum hat den wahren Indivisualismus vernichtet und einen falschen hingestellt. Durch Aushungern hat es einem Teil der Gemeinschaft die Möglichkeit benommen, individuell zu sein. Es hat dem andern Teil der Gemeinschaft die Möglichkeit, individuell zu sein, benommen, indem es ihn auf den falschen Weg brachte und ihn überbürdete.

[...]

Nach der Abschaffung des Privateigentums werden wir also den wahren, schönen, gesunden Individualismus haben. Niemand wird sein Leben damit vergeuden, daß er Sachen und Sachwerte anhäuft. Man wird leben. Leben –

es gibt nichts Selteneres in der Welt. Die meisten Leute existieren, weiter nichts.

[...]

Sie wird etwas Wunderbares sein – die eigentliche Persönlichkeit des Menschen –, wenn sie sich uns zeigen wird. Sie wird in natürlicher und einfacher Art wachsen, wie eine Blume oder wie ein Baum wächst. Sie wird nicht im Streit liegen. Sie wird nie argumentieren oder disputieren. Sie wird nichts in der Welt beweisen. Sie wird alles wissen. Und doch keinen Wissenschaftsbetrieb kennen. Sie wird weise sein. Ihr Wert wird nicht mit materiellen Dingen meßbar sein. Sie wird nichts haben. Und wird doch alles haben, und soviel man ihr auch nimmt, sie hat noch immer, so reich ist sie. Sie wird sich nicht immer um andere kümmern oder von ihnen verlangen, sie sollen ebenso sein wie sie selbst. Sie wird sie lieben, weil sie anders sind. Und doch, während sie sich um andere nicht kümmert, wird sie allen helfen, wie etwas Schönes uns hilft, indem es ist, wie es ist. Die Persönlichkeit des Menschen wird sehr wundervoll sein. Sie wird so wundervoll sein wie die Persönlichkeit eines Kindes.

[...]

Er [der Individualismus] ist die Differenzierung, der alle Organismen entgegenwachsen. Er ist die Vollkommenheit, die in jeder Form des Lebens darin steckt und zu der jede Form des Lebens unterwegs ist. Und so übt der Individualismus keinen Zwang auf den Menschen aus. Er sagt im Gegenteil zum Menschen, er solle keinen Zwang über sich dulden. Er versucht nicht, die Menschen zum Guten zu zwingen. Er weiß, daß die Menschen gut sind, wenn man sie in Ruhe läßt.

[...]

Der Individualismus wird ferner uneigennützig und unge-
ziert sein. Es ist schon gesagt worden, daß es eine Folge der
außergewöhnlichen Tyrannei der Autorität ist, daß der eigentliche und einfache Sinn der Worte völlig verdreht wird
und daß sie dazu benutzt werden, das Gegenteil ihrer wahren Bedeutung auszudrücken.

[...]

Im Reiche des Individualismus werden die Menschen ganz
natürlich und völlig uneigennützig sein und werden den
Sinn der Worte verstehen und ihn in ihrem freien, schönen
Leben verwirklichen. Die Menschen werden nicht egois-
tisch sein, wie sie es heute sind. Denn Egoist ist, wer an
andere Ansprüche stellt, und der Individualist wird das
nicht tun wollen. Es wird ihm kein Vergnügen machen.
Wenn der Mensch den Individualismus verwirklicht hat,
wird er auch das Mitgefühl verwirklichen und es frei und
ungehemmt walten lassen.

Aus: Oscar Wilde: *Der Sozialismus und die Seele des
Menschen. Ein Essay*. Aus dem Englischen von Gustav
Landauer und Hedwig Lachmann. Diogenes, Zürich 1982.

Necati Öziri liest
James Baldwin

I really don't like words like »artist« or »integrity« or »courage« or »nobility.« I have a kind of distrust of all those words because I don't really know what they mean, any more than I really know what such words as »democracy« or »peace« or »peace-loving« or »warlike« or »integration« mean. And yet one is compelled to recognize that all these imprecise words are attempts made by us all to get to something which is real and which lives behind the words. Whether I like it or not, for example, and no matter what I call myself, I suppose the only word for me, when the chips are down, is that I am an artist. There is such a thing. There is such a thing as integrity. Some people are noble. There is such a thing as courage. The terrible thing is that the reality behind these words depends ultimately on what the human being (meaning every single one of us) believes to be real. The terrible thing is that the reality behind all these words depends on choices one has got to make, for ever and ever and ever, every day.

I am not interested really in talking to you as an artist. It seems to me that the artist's struggle for his integrity must be considered as a kind of metaphor for the struggle, which is universal and daily, of all human beings on the face of this globe to get to become human beings. It is not your fault, it is not my fault, that I write. And I never would come before you in the position of a complainant for doing something that I must do. What we might get at this evening, if we are lucky, is what the importance of this effort is. However arrogant this may sound, I want to suggest two propositions. The first one is that the poets (by which I mean all artists) are finally the only people who know the truth about us. Soldiers don't. Statesmen don't. Priests don't. Union leaders don't. Only poets. That's my first proposition. We know about the Oedipus complex not because of Freud but because of a poet who lived in Greece thousands of years ago. And what he said then about what it was like to be alive is still true, in spite of the fact that now we can get to Greece in something like five hours and then it would have taken I don't know how long a time.

The second proposition is really what I want to get at tonight. And it sounds mystical, I think, in a country like ours, and at a time like this when something awful is happening to a civilization, when it ceases to produce poets, and, what is even more crucial, when it ceases in any way whatever to believe in the report that only the poets can make. Conrad told us a long time ago (I think it was in *Victory*, but I might be wrong about that): »Woe to that man who does not put his trust in life.« Henry James said, »Live, live all you can. It's a mistake not to.« And Shakespeare said – and this is what I take to be the truth about everybody's life all of the time – »Out of this nettle, danger, we pluck this flower, safety.« Art is here to prove, and to help one bear, the fact that all safety is an illusion. In this sense, all artists are divorced from and even necessarily opposed to any system whatever.

Let's trace it, just for kicks, for a minute. And I'll use myself. I won't say »me,« but it's my story. The first thing an

artist finds out when he is very, very young (when I say
»young« I mean before he is fifteen, that is to say, before,
properly speaking, he or she can walk or talk, before he
or she has had enough experience to begin to assess his
or her experience) – and what occurs at that point in this
hypothetical artist's life is a kind of silence – the first thing
he finds out is that for reasons he cannot explain to him-
self or to others, he does not belong anywhere. Maybe
you're on the football team, maybe you're a runner, maybe
you belong to a church, you certainly belong to a family;
and abruptly, in other people's eyes – this is very important – you begin to discover that you are moving and you
can't stop this movement to what looks like the edge of the
world. Now what is crucial, and one begins to understand
it much, much later, is that if you were this hypothetical
artist, if you were in fact the dreamer that everybody says
you are, if in fact you were wrong not to settle for the
things that you cannot for some mysterious reason settle for, if this were so, the testimony in the eyes of other
people would not exist. The crime of which you discover
slowly you are guilty is not so much that you are aware,
which is bad enough, but that other people see that you
are and cannot bear to watch it, because it testifies to the
fact that they are not. You're bearing witness helplessly
to something which everybody knows and nobody wants
to face, least of all the hypothetical misfit who has not
learned how to walk or talk and doesn't know enough
about experience to know what experience he has had.

Well, one survives that, no matter how. By and by your
uncles and your parents and church stop praying for you.
They realize it won't do a bit of good. They give you up,

and you proceed a little further and your lovers put you down. They don't know what you're doing either, and you can't tell them 'cause you don't know. You survive this and in some terrible way, which I suppose no one can ever describe, you are compelled, you are corralled, you are bullwhipped into dealing with whatever it is that hurt you. And what is crucial here is that if it hurt you, that is not what's important. Everybody's hurt. What is important, what corrals you, what bullwhips you, what drives you, torments you, is that you must find some way of using this to connect you with everyone else alive. This is all you have to do it with. You must understand that your pain is trivial except insofar as you can use it to connect with other people's pain; and insofar as you can do that with your pain, you can be released from it, and then hopefully it works the other way around too; insofar as I can tell you what it is to suffer, perhaps I can help you to suffer less. Then, you make – oh, fifteen years later, several thousand drinks later, two or three divorces, God knows how many broken friendships and an exile of one kind or another – some kind of breakthrough, which is your first articulation of who you are: that is to say, your first articulation of who you suspect we all are.

Aus: James Baldwin: The Artist's Struggle for Integrity. In: *The Cross of Redemption. Uncollected Writings*. Hrsg. von Randall Kenan. Pantheon Books, New York 2010.

Nadine Olonetzky liest
Colum McCann

Mein Beitrag geht von Rami Elhanan und Bassam Aramin aus, die für mich die Hoffnung verkörpern, und von Colum McCanns Buch Apeirogon *und der Kraft des Erzählens. Ich halte mich daran, um der Trauer, der Verzweiflung und Aussichtslosigkeit, dem Hass und dem Gefühl, nun auch ausgesetzt und bedroht zu sein, zu begegnen.*

1001

Vor nicht allzu langer Zeit in einem nicht allzu fernen Land fuhr Rami Elhanan, Israeli, Jude, Graphikdesigner, verheiratet mit Nurit, Vater von Elik, Guy und Jigal und Vater der verstorbenen Smadar, mit dem Motorrad von einem Jerusalemer Vorort zum Kloster Cremisan in der mehrheitlich von Christen bewohnten Stadt Bait Dschala, im judäischen Bergland, bei Bethlehem, um sich dort mit Bassam Aramin zu treffen, Palästinenser, Muslim, Ex-Häftling, Aktivist, geboren in der Nähe von Hebron, verheiratet mit Salwa, Vater von Arab, Areen, Muhammad, Ahmed und Hiba und Vater der verstorbenen Abir, die als Zehnjährige von einem namenlosen israelischen Grenzpolizisten in Ostjerusalem erschossen wurde, knapp zehn Jahre nachdem Ramis Tochter Smadar, zwei Wochen vor ihrem vierzehnten Geburtstag, im Westen der Stadt drei Selbstmordattentätern zum Opfer fiel, Bashar Sawalha, Youssef Shouli und Tawfiq Yassine, aus dem Dorf Asira al-Shamaliya bei

Nablus im Westjordanland, ein faszinierender Ort für die Leute, die an einem ganz normalen, nebligen, recht kühlen Tag Ende Oktober von weit her, aus Belfast und Kyushu, Paris und North Carolina, Santiago und Brooklyn, Kopenhagen und Terezín, in das rote Backsteinkloster oberhalb der Weinbergterrassen im Schatten der Mauer gekommen sind, um Bassams und Ramis Geschichten zu lauschen und darin eine andere Geschichte, ein Lied der Lieder zu finden, in dem sie sich selbst entdecken – du und ich, in der steingefliesten Kapelle, in der wir stundenlang gespannt, hoffnungslos, zuversichtlich, verstört, zynisch, betroffen, schweigend zuhören, während die Erinnerungen über uns hereinstürzen, unsere Synapsen tanzen und wir uns in der vordringenden Dunkelheit all die Geschichten ins Gedächtnis rufen, die noch erzählt werden müssen.

Aus: Colum McCann: *Apeirogon*. Aus dem Englischen von Volker Oldenburg. Rowohlt Verlag, Hamburg 2020.

Ronya Othmann liest
Friederike Mayröcker

was brauchst du

was brauchst du? einen Baum ein Haus zu
ermessen wie groß wie klein das Leben als Mensch
wie groß wie klein wenn du aufblickst zur Krone
dich verlierst in grüner üppiger Schönheit
wie groß wie klein bedenkst du wie kurz
dein Leben vergleichst du es mit dem Leben der Bäume
du brauchst einen Baum du brauchst ein Haus
keines für dich allein nur einen Winkel ein Dach
zu sitzen zu denken zu schlafen zu träumen
zu schreiben zu schweigen zu sehen den Freund
die Gestirne das Gras die Blume den Himmel

Aus: Friederike Mayröcker: *Gesammelte Gedichte.*
1939–2003. Herausgegeben von Marcel Beyer. Suhrkamp
Verlag, Berlin 2019.

Sharon Dodua Otoo liest
May Ayim

der käfig hat eine tür

es fehlt mir das wort
für das was ich sagen will
die intuition
für das was ich empfinden möchte
die empfindung
für das was ich spüren müßte

verwirrung

das wesentliche
befindet sich
hinter dem eigentlichen
zwischen den zeilen
unter der oberfläche

das augenscheinliche fällt nicht auf
fällt ab
zerfällt in einzelheiten
halbwahrheiten
feilscht in feigheiten
fehlt

vielleicht werde ich verrückt
irgendwann
oder bin es schon

verloren
fahnde ich
vor buch-staben
nach anhalts-punkten

die staben sind stäbe
die punkte sind anfänge
an jeder ungereimtheit zerplatzt
eine einbildung

der käfig hat eine tür

es ist mir inzwischen lieber
ich bin ausgegrenzt
es ist mir lieber
ich bin
   nicht eingeschlossen

Aus: May Ayim: *blues in schwarz weiss. Gedichte.* Orlanda
Verlag, Berlin 1995.

Ulrich Peltzer liest
Giuseppe Ungaretti

In Memoriam

Er hieß
Mohammed Sheab

Abkömmling
von Emiren von Nomaden
Er beging Selbstmord
weil er kein Land
mehr hatte

Er liebte Frankreich
und änderte seinen Namen

Wurde Marcel
war aber nicht Franzose
und konnte nicht mehr
leben
im Zelt der Seinen
wo man dem Singsang
des Korans lauscht
einen Kaffee nippend

Und wußte nicht
anzustimmen
den Gesang
seiner Verlassenheit

Ich habe ihm das Geleit gegeben
zusammen mit der Besitzerin des Hotels
in dem wir wohnten
in Paris
Nummer 5 rue des Carmes
schäbiges steiles Gäßchen

Er ruht
auf dem Friedhof von Ivry
Vorstadt die immer
erscheint wie am Tag
eines aufgelösten Jahrmarkts

Und ich allein
weiß vielleicht noch
daß er lebte

(Locvizza il 30 settembre 1916)

Aus dem Italienischen von Ingeborg Bachmann

Aus: Giuseppe Ungaretti: Gedichte. In: Ingeborg Bachmann:
Werke, Band 1. Piper Verlag, München 2010.

Ulrich Peltzer liest
Tomas Tranströmer

Nachtdienst

I
Heute nacht bin ich unten beim Ballast.
Ich bin eines der schweigenden Gewichte,
die den Kutter am Kentern hindern!
Undeutliche Gesichter im Dunkeln wie Steine.
Sie können bloß fauchen: »Faß micht nicht an.«

II
Andre Stimmen drängen sich vor, der Hörer
gleitet wie ein schmaler Schatten am Radio
über das selbstleuchtende Band von Sendern.
Die Sprache marschiert im Gleichschritt mit den Bütteln.
Deshalb müssen wir eine neue Sprache suchen.

III
Der Wolf ist da, der Freund aller Stunden,
und er berührt das Fenster mit seiner Zunge.
Das Tal ist voll kriechende Axtstiele.
Das Dröhnen des Nachtflugzeugs fließt über den Himmel
träge, wie von einem Rollstuhl mit eisernen Rädern.

IV
Die Stadt wird aufgegraben. Doch jetzt ist es still.
Unter den Ulmen auf dem Friedhof:
ein leerer Bagger. Der Greifer gegen den Boden –
die Geste eines, der überm Tisch eingeschlummert ist,
vor sich die Faust. – Glockenläuten.

Aus: Tomas Tranströmer: *Sämtliche Gedichte*. Aus dem
Schwedischen von Hanns Grössel. Edition Akzente. Hanser,
München 1997.

Katerina Poladjan liest
Bertolt Brecht

Ballade von den Abenteurern

1
Von Sonne krank und ganz von Regen zerfressen
Geraubten Lorbeer im zerrauften Haar
Hat er seine ganze Jugend, nur nicht ihre Träume
  vergessen
Lange das Dach, nie den Himmel, der drüber war.

2
O ihr, die ihr aus Himmel und Hölle vertrieben
Ihr Mörder, denen viel Leides geschah
Warum seid ihr nicht im Schoß eurer Mütter geblieben
Wo es stille war und man schlief und war da?

3
Er aber sucht noch in absinthenen Meeren
Wenn ihn schon seine Mutter vergißt
Grinsend und fluchend und zuweilen nicht ohne Zähren
Immer das Land, wo es besser zu leben ist.

4

Schlendernd durch Höllen und gepeitscht durch Paradiese
Still und grinsend, vergehenden Gesichts
Träumt er gelegentlich von einer kleinen Wiese
Mit blauem Himmel drüber und sonst nichts.

Aus: Bertolt Brecht: *Gesammelte Werke,* Band 8. Suhrkamp
Verlag, Frankfurt am Main 1967.

Theresia Prammer liest
Dante Alighieri

L'aiuola che ci fa tanto feroci
volgendom'io con li etterni Gemelli,
tutta m'apparve da' colli alle foci.

Aus: Dante Alighieri: Paradiso XXII, 151–153.

Ich kreiste mit den ewigen Zwillingen, und der winzige Fleck, der uns so wild gegeneinander macht, lag ganz unter mir, von den Hügeln zu den Mündungen.

Aus: Dante Alighieri: Paradiso. In: *Commedia.* In deutscher Prosa von Kurt Flasch. S. Fischer, Frankfurt am Main 2015.

Andreas Reckwitz hört
Joni Mitchell

Both Sides Now

Rows and flows of angel hair
And ice cream castles in the air
And feather canyons everywhere
Looked at clouds that way

But now they only block the sun
They rain and they snow on everyone
So many things I would have done
But clouds got in my way

I've looked at clouds from both sides now
From up and down and still somehow
It's cloud illusions I recall
I really don't know clouds at all

Moons and Junes and Ferris wheels
The dizzy dancing way that you feel
As every fairy tale comes real
I've looked at love that way

But now it's just another show
And you leave 'em laughing when you go
And if you care, don't let them know
Don't give yourself away

I've looked at love from both sides now
From give and take and still somehow
It's love's illusions that I recall
I really don't know love
Really don't know love at all

Tears and fears and feeling proud
To say, »I love you« right out loud
Dreams and schemes and circus crowds
I've looked at life that way

Oh, but now old friends they're acting strange
And they shake their heads and they tell me that I've
   changed
Well something's lost, but something's gained
In living every day

I've looked at life from both sides now
From win and lose and still somehow
It's life's illusions I recall
I really don't know life at all

It's life's illusions that I recall
I really don't know life
I really don't know life at all

Aus: Musikalische Erstveröffentlichung in: Judy Collins:
Wildflowers, 1967.

Katja Riemann hört
Shervin Hajipour

Baraye (leicht gekürzte Fassung)

Wegen des Tanzens auf der Straße
Wegen der Angst sich zu küssen
Wegen meiner Schwester, deiner Schwester und unserer
  Schwestern
Wegen des Wechsels alter Werte
Wegen der Scham, wegen der Armut
Wegen der Sehnsucht nach einem normalen Leben
Wegen eines Kindes, das im Müll wühlt und wegen seiner
  Träume
Wegen der korrupten Wirtschaft
Wegen der Luftverschmutzung
Wegen Valiasr [Straße in Teheran] und aller trockenen
  Bäume
Wegen des Pirouz' [Gepard] und seinem möglichen Aus-
  sterben
Wegen der unschuldigen verbotenen Hunde
Wegen des Weinens ohne Ende
Wegen der Wiederholung solcher Momente und Bilder
Wegen des lachenden Gesichts
Wegen der Studierenden, wegen der Zukunft
Wegen des aufgezwungenen Paradieses
Wegen derjenigen, die im Gefängnis sind
Wegen der afghanischen Kinder
Wegen des sich wiederholenden »wegen«
Wegen der leeren Reden

Wegen des Schutts der billig gebauten Häuser
Wegen des Seelenfriedens
Wegen der Sonne nach langen Nächten
Wegen der Beruhigungspillen und der Schlaflosigkeit
Wegen des Menschen, des Heimatlands und der Ort-
schaft
Wegen des Mädchens, das sich wünschte, ein Junge zu
sein
Für die Frau, das Leben, die Freiheit
Für Freiheit
BARAYE AZADI.

2022

Aus: Text/Lyrics zusammengestellt von dem iranischen
Musiker Shervin Hajipour, basierend auf Twitter Posts der
iranischen Bevölkerung. Veröffentlicht auf Instagram. (Der
Account ist inzwischen geschlossen.)
»Baraye« kann man mit »wegen« oder»für« übersetzen.

Monika Rinck liest
Julia Simon Grinberg

flieg, engelchen, flieg

gelbe gloria, rostiges konvolut.
das hat mit liebe zu tun.
ausbleiben eines happyends
als daseinsberechtigung,
als beatmungskredit,
als erektile hoffnung.

flieg, engel.

würde ich gerne
aber mein linker flügel
ist nicht gestrickt

zehnuhrdreißig,
die silberäuglein entlaufen,
wollen fangen spielen.

ach, reden wir mal über etwas.

über kupplungen hohler körper,
über kommunizierende röhren,
über die notwendigkeit von abstrichen,
über grausames glück.

an einem Montag im Juni

Ich mache ein Auge zu,
lasse es ein wenig schlafen,
mache es auf, dann das andere zu,
bloß nie zusammen.

Wie lautet Ihre Anschrift? – Am Heiratsantrag, 7.
Und Ihre? – Am Boden Zerstört, 22.

Zum Adler, Zum Ritter, Zum Goldenen Schwanz. Ich
schaue auf, da tanzen Wolken im strahlenden Blau, auf
ihre schwimmenden Schatten lade ich meine Scham, tanz
mit und schwimm fort. Ich habe geträumt, dass ich eine
Scharfschützin bin. Es hat sich seltsam, unausweichlich an-
gefühlt, für hoffnungslose Gerechtigkeit zu töten.

Erstveröffentlichung

Kathrin Röggla liest
Ilse Aichinger

Schlechte Wörter

Ich gebrauche jetzt die besseren Wörter nicht mehr. *Der Regen, der gegen die Fenster stürzt.* Früher wäre mir da etwas ganz anderes eingefallen. Damit ist es jetzt genug. *Der Regen, der gegen die Fenster stürzt.* Das reicht. Ich hatte übrigens gerade noch einen anderen Ausdruck auf der Zunge, er war nicht nur besser, er war genauer, aber ich habe ihn vergessen, während der Regen gegen die Fenster stürzte oder das tat, was ich im Begriff war, zu vergessen. Ich bin nicht sehr neugierig, was mir beim nächsten Regen einfallen wird, beim nächstsanfteren, nächstheftigeren, aber ich vermute, daß mir eine Wendung für alle Regensorten reichen wird. Ich werde mich nicht darum kümmern, ob man *stürzen* sagen kann, wenn er nur schwach die Scheiben berührt, ob es dann nicht zuviel gesagt ist. Oder zu wenig, wenn er im Begriff ist, die Scheiben einzudrücken. Ich lasse es jetzt dabei, ich bleibe bei *stürzen*, um den Rest sollen sich andere kümmern.

Den Untergang vor sich her schleifen, das fiel mir auch ein, es ist sicher noch viel angreifbarer als der stürzende Regen, denn man schleift nichts vor sich her, man schiebt es oder man stößt es, Karren zum Beispiel oder Rollstühle, während man andere Dinge wie Kartoffelsäcke nachschleift, andere Dinge, keinesfalls Untergänge, die werden anders befördert. Ich weiß das und die bessere Wendung lag mir auch schon wieder auf der Zunge, aber nur um zu fliehen. Ich trauere ihr nicht nach. *Den Untergang vor sich her schleifen* oder besser *die Untergänge*, ich versteife mich nicht darauf, aber ich bleibe dabei. Ob man sagen kann *ich entscheide mich dafür* ist fraglich. Die bisherigen Sprachgebräuche lassen eine Entscheidung da, wo es sich nur mehr um eine Möglichkeit handelt, nicht zu. Man könnte sich darüber unterhalten, aber ich habe diese Unterhaltungen satt – sie werden meistens in Taxis auf den Wegen stadtauswärts geführt – und nehme meine angreifbaren Wendungen in Kauf.

Ich werde sie natürlich nicht anbringen können, aber sie tun mir leid wie Souffleure und Opernglasfabrikanten, ich beginne eine Schwäche für das Zweit- und Drittbessere zu bekommen, vor dem sich das Gute ganz geschickt verbirgt, wenn auch nur im Hinblick auf das Viertbessere, dem Publikum zeigt es sich häufig. Das kann man nicht übelnehmen, das Publikum wartet ja auch darauf, das Gute hat keine Wahl. Oder doch? Könnte es sich nicht im Hinblick auf das Publikum verbergen und den schwächeren Möglichkeiten sein Gesicht zeigen? Das muß man abwarten. Ausreichende Devisen gibt es genug – das komplizierte Erlernbare – und wenn ich mich auf die nicht ausreichenden stütze, so ist das meine Sache.

Ich bin auch bei der Bildung von Zusammenhängen vorsichtig geworden. Ich sage nicht *während der Regen gegen die Fenster stürzt, schleifen wir die Untergänge vor uns her*, sondern ich sage *der Regen, der gegen die Fenster stürzt* und *die Untergänge vor sich her schleifen* und so fort. Niemand kann von mir verlangen, daß ich Zusammenhänge herstelle, solange sie vermeidbar sind. Ich bin nicht wahllos wie das Leben, für das mir auch die bessere Bezeichnung eben entflohen ist. Lassen wir es *Leben* heißen, vielleicht verdient es nichts besseres. *Leben* ist kein besonderes Wort und *sterben* auch nicht. Beide sind angreifbar, überdecken statt zu definieren. Vielleicht weiß ich, warum. Definieren grenzt an Unterhöhlen und setzt dem Zugriff der Träume aus. Aber das muß ich nicht wissen. Ich kann mich heraushalten, ich kann mich sogar leicht heraushalten. Ich kann daneben bleiben. Sicher könnte ich *leben* so oft vor mir hersagen, bis mir davon übel würde und ich mich gezwungen sähe, zu einer anderen Bezeichnung überzugehen. Und *sterben* noch öfter. Aber ich tue es nicht. Ich schränke ein und schaue zu, damit bin ich genügend beschäftigt. Ich höre auch zu, aber das hat gewisse Gefahren. Dabei können einem leicht Einfälle unterlaufen. *Sammle den Untergang* hieß es unlängst, es klang wie ein Gebot. Das möchte ich nicht. Wenn es eine Bitte wäre, so wäre sie zu überlegen, aber Gebote jagen mir Angst ein. Deshalb bin ich auch zum Zweitbesseren übergegangen. Das Beste ist geboten. Deshalb. Ich lasse mir nicht mehr Angst machen, ich habe genug davon. Und noch mehr von meinen Einfällen, die gar nicht die meinen sind, weil sie sonst anders hießen. *Meine Ausfälle* kann es heißen, aber nicht *meine Einfälle*. Ach was, es kann alles heißen. Das haben wir zur Genüge erfahren. Die wenigsten können sich wehren. Sie kommen zur Welt und werden sofort von alledem umgeben, was sie zu umgeben nicht ausreicht. Ehe sie den Kopf wenden können, werden ihnen, begonnen bei ihrem eigenen Namen, Bezeichnungen zugemutet, die nicht zutreffen. Sie sind schon in den Schlafliedern leicht nachzuweisen. Später wird das massiver. Und ich? Ich könnte mich wehren. Ich könnte statt dem Erstbesten leicht dem Besten auf der Spur bleiben, aber ich tue es nicht. Ich will nicht auffallen, ich mische mich lieber unauffällig hinein.

Ich schaue zu, ich schaue zu, wie alles und jedes seine rasche, unzutreffende Bezeichnung bekommt, ich tue sogar seit kurzem mit. Der Unterschied ist nur: ich weiß, was ich tue. Ich weiß, daß die Welt schlechter ist als ihr Name und daß deshalb auch ihr Name schlecht ist.

Sammle den Untergang – das klingt mir zu gut. Zu scharf, zu genau, den späten Vogelschreien zu ähnlich, eine bessere Bezeichnung für die reine Wahrheit als die reine Wahrheit es ist. Damit könnte ich auffallen, aus meiner lange und schwer eroberten bescheidenen Stellung in der Phalanx der Benenner herausgehoben werden, meinen Zuschauerposten verlieren. Nein, das lasse ich. Ich bleibe bei meinem Regen, der gegen die Fenster stürzt, in der Nähe der zweckgebundenen Ammenmärchen – und wenn schon Untergänge, dann solche, die man vor sich her schleift. Das Letzte ist fast schon zu genau, vielleicht sollte man Untergänge überhaupt aus dem Spiel lassen. Sie sind dem, wofür sie stehen, zu nahe, stille Lockvögel, die die Norm umkreisen. Norm ist gut, Norm ist in jedem Fall ungenau genug, Norm und der Regen, der stürzt, alle Vor-, alle Nachnamen, das geht endlos und man bleibt der stille Zuschauer, der man sein möchte, aus der einen oder der anderen Richtung beifällig betrachtet, während man die Fäuste in den Taschen und die Untergänge bei sich selbst läßt, fortläßt, sein läßt, das ist gut. Sein lassen ist schon wieder zu gut, zum Lachen gut, nein, weg mit den Untergängen, sie ziehen unerwünschte Genauigkeiten an und kommen in keinem Schlaflied vor.

Der Regen, der gegen die Fenster stürzt, da haben wir ihn wieder, den lassen wir, der läßt alles in seinem unzutreffenden Umkreis, bei ihm bleiben wir, damit *wir* wir bleibt, damit alles bleibt, was es nicht ist, vom Wetter bis zu den Engeln.

So läßt es sich leben und so läßt es sich sterben und wem das nicht ungenau genug ist, der kann es in dieser Richtung ruhig weiter versuchen. Ihm sind keine Grenzen gesetzt.

Aus: Ilse Aichinger. *Ein Bilderbuch von Stefan Moses*. Mit Texten von Michael Krüger und Ilse Aichinger. S. Fischer, Frankfurt am Main 2006.

Gilda Sahebi liest
Maya Angelou

Still I rise

You may write me down in history
With your bitter, twisted lies,
You may trod me in the very dirt
But still, like dust, I'll rise.

Does my sassiness upset you?
Why are you beset with gloom?
'Cause I walk like I've got oil wells
Pumping in my living room.

Just like moons and like suns,
With the certainty of tides,
Just like hopes springing high,
Still I'll rise.

Did you want to see me broken?
Bowed head and lowered eyes?
Shoulders falling down like teardrops,
Weakened by my soulful cries?

Does my haughtiness offend you?
Don't you take it awful hard
'Cause I laugh like I've got gold mines
Diggin' in my own backyard.

You may shoot me with your words,
You may cut me with your eyes,
You may kill me with your hatefulness,
But still, like air, I'll rise.

Does my sexiness upset you?
Does it come as a surprise
That I dance like I've got diamonds
At the meeting of my thighs?

Out of the huts of history's shame
I rise
Up from a past that's rooted in pain
I rise
I'm a black ocean, leaping and wide,
Welling and swelling I bear in the tide.

Leaving behind nights of terror and fear
I rise
Into a daybreak that's wondrously clear
I rise
Bringing the gifts that my ancestors gave,
I am the dream and the hope of the slave.
I rise
I rise
I rise.

Aus: Maya Angelou: *And Still I Rise: A Book of Poems.*
Virago, London 1986.

Joachim Sartorius liest
Konstantinos Kavafis

Warten auf die Barbaren

Worauf warten wir, versammelt auf dem Marktplatz?

    Auf die Barbaren, die heute kommen.

Warum solche Untätigkeit im Senat?
Warum sitzen die Senatoren da, ohne Gesetze zu machen?

    Weil die Barbaren heute kommen.
    Welche Gesetze sollten die Senatoren jetzt machen?
    Wenn die Barbaren kommen, werden diese Gesetze
    machen.

Warum ist unser Kaiser so früh aufgestanden?
Warum sitzt er mit der Krone am größten Tor der Stadt
Auf seinem Thron, ganz offiziell, und trägt die Krone?

    Weil die Barbaren heute kommen
    Und der Kaiser wartet, um ihren Führer
    Zu empfangen. Er will ihm sogar eine Urkunde
    Überreichen, worauf viele Titel
    Und Namen geschrieben sind.

Warum tragen unsere zwei Konsuln und die Prätoren
Heute ihre roten, bestickten Togen?
Warum tragen sie Armbänder mit so vielen Amethysten

Und Ringe mit funkelnden Smaragden?
Warum tragen sie heute die wertvollen Amtsstäbe,
Fein gemeißelt, mit Silber und Gold?

  Weil die Barbaren heute erscheinen,
  Und solche Dinge blenden die Barbaren.

Warum kommen die besten Redner nicht, um wie üblich
Ihre Reden zu halten und Meinungen zu verkünden?

  Weil die Barbaren heute erscheinen,
  Und vor solcher Beredtheit langweilen sie sich.

Warum jetzt plötzlich diese Unruhe und Verwirrung?
(Wie ernst diese Gesichter geworden sind.) Warum leeren
Sich die Straßen und Plätze so schnell und
Warum gehen alle so nachdenklich nach Hause?

  Weil die Nacht gekommen ist und die Barbaren doch
    nicht
  Erschienen sind. Einige Leute sind von der Grenze
    gekommen
  Und haben berichtet, es gebe sie nicht mehr, die
    Barbaren.

Und nun, was sollen wir ohne Barbaren tun?
Diese Menschen waren immerhin eine Lösung.

Aus: Konstantinos Kavafis: *Das Gesamtwerk*. Aus dem
Griechischen übersetzt und herausgegeben von Robert Elsie.
Mit einer Einführung von Marguerite Yourcenar. Ammann,
Zürich 1997.

Anna Yeliz Schentke liest
Ingeborg Bachmann

Die Wahrheit ist dem Menschen zumutbar

(Rede zur Verleihung des Hörspielpreises der Kriegsblinden)

Der Schriftsteller – und das ist in seiner Natur – wünscht, sich Gehör zu verschaffen. Und doch erscheint es ihm eines Tages wunderbar, wenn er fühlt, daß er zu wirken vermag – um so mehr, wenn er wenig Tröstliches sagen kann vor Menschen, die des Trostes bedürftig sind, wie nur Menschen es sein können, verletzt, verwundet und voll von dem großen geheimen Schmerz, mit dem der Mensch vor allen anderen Geschöpfen ausgezeichnet ist. Es ist eine schreckliche und unbegreifliche Auszeichnung. Wenn das so ist, daß wir sie tragen und mit ihr leben müssen, wie soll dann der Trost aussehen und was soll er uns überhaupt? Dann ist es doch – meine ich – unangemessen, ihn durch Worte herstellen zu wollen. Er wäre ja, wie immer er aussähe, zu klein, zu billig, zu vorläufig.

So kann es auch nicht die Aufgabe des Schriftstellers sein, den Schmerz zu leugnen, seine Spuren zu verwischen, über ihn hinwegzutäuschen. Er muß ihn, im Gegenteil, wahrhaben und noch einmal, damit wir sehen können, wahrmachen. Denn wir wollen alle sehend werden. Und jener geheime Schmerz macht uns erst für die Erfahrung empfindlich und insbesondere für die der Wahrheit. Wir sagen sehr einfach und richtig, wenn wir in diesen Zustand

kommen, den hellen, wehen, in dem der Schmerz frucht-
bar wird: Mir sind die Augen aufgegangen. Wir sagen das
nicht, weil wir eine Sache oder einen Vorfall äußerlich
wahrgenommen haben, sondern weil wir begreifen, was
wir doch nicht sehen können. Und das sollte die Kunst
zuwege bringen: daß uns, in diesem Sinne, die Augen aufgehen.

Der Schriftsteller – und das ist auch in seiner Natur – ist
mit seinem ganzen Wesen auf ein Du gerichtet, auf den
Menschen, dem er seine Erfahrung vom Menschen zu-
kommen lassen möchte (oder seine Erfahrung der Dinge,
der Welt und seiner Zeit, ja von all dem auch!), aber insbesondere vom Menschen, der er selber oder die anderen
sein können und wo er selber und die anderen am meisten
Mensch sind. Alle Fühler ausgestreckt, tastet er nach der
Gestalt der Welt, nach den Zügen des Menschen in dieser
Zeit. Wie wird gefühlt und was gedacht und wie gehan-
delt? Welche sind die Leidenschaften, die Verkümmerun-
gen, die Hoffnungen …?

Wenn in meinem Hörspiel ›*Der gute Gott von Manhattan*‹ alle Fragen auf die nach der Liebe zwischen Mann
und Frau und was sie ist, wie sie verläuft und wie wenig oder wieviel sie sein kann, hinauslaufen, so könnte
man sagen: Aber das ist ein Grenzfall. Aber das geht zu
weit …

[…]

Wie der Schriftsteller die anderen zur Wahrheit zu ermutigen versucht durch Darstellung, so ermutigen ihn die anderen, wenn sie ihm, durch Lob und Tadel, zu verstehen
geben, daß sie die Wahrheit von ihm fordern und in den

155

Stand kommen wollen, wo ihnen die Augen aufgehen. Die Wahrheit nämlich ist dem Menschen zumutbar.

Aus: Ingeborg Bachmann: *Kritische Schriften*. Hrsg. v. Monika Albrecht und Dirk Göttsche. Piper Verlag, München 2005.

Ferdinand Schmalz liest
Walter Benjamin

Paris, die Hauptstadt des XIX. Jahrhunderts

> »Mein guter Vater war in Paris gewesen.«
> *Karl Gutzkow: Briefe aus Paris. Leipzig 1842. I, p58.*

Balzac hat als erster von den Ruinen der Bourgeoisie gesprochen. Aber erst der Surrealismus hat den Blick auf sie
freigegeben. Die Entwicklung der Produktivkräfte legte
die Wunschsymbole des vorigen Jahrhunderts in Trümmer noch ehe die sie darstellenden Monumente zerfallen
waren. Diese Entwicklung hat im XIX. Jahrhundert die
Gestaltungsformen von der Kunst emanzipiert wie im
XVI. Jahrhundert sich die Wissenschaften von der Philosophie befreit haben. Den Anfang macht die Architektur
als Ingenieuerkonstruktion. Es folgt die Naturwiedergabe
als Photographie. Die Phantasieschöpfung bereitet sich
vor, als Werbegraphik praktisch zu werden. Die Dichtung unterwirft sich im Feuilleton der Montage. Alle diese
Produkte sind im Begriff, sich als Ware auf den Markt zu
begeben. Aber sie zögern noch auf der Schwelle. Dieser
Epoche entstammen die Passagen und Interieurs, die Aus-
stellungshallen und Panoramen. Sie sind Rückstände einer
Traumwelt. Die Verwertung der Traumelemente beim Erwachen ist der Schulfall des dialektischen Denkens. Daher
ist das dialektische Denken das Organ des geschichtlichen
Aufwachens. Jede Epoche träumt ja nicht nur die nächste
sondern träumend drängt sie auf das Erwachen hin. Sie

trägt ihr Ende in sich und entfaltet es – wie schon Hegel erkannt hat – mit List. Mit der Erschütterung der Warenwirtschaft beginnen wir, die Monumente der Bourgeoisie als Ruinen zu erkennen noch ehe sie zerfallen sind.

Aus: Walter Benjamin: *Gesammelte Schriften*. Band V. 1. *Das Passagen-Werk*. Suhrkamp Verlag, Frankfurt am Main 1991.

Jan Schomburg liest
Udi Aloni

A joint call of Palestinians and Jews from
within the trauma zone

We write as Palestinians and Jews with Israeli citizenship
who live as one community on this disputed land. We live
together in a Noah's-Ark that has been sailing through
troubled waters long before the flood began on October
7th. In the face of this sea of despair, and the unbearable
sights of bodies of defenseless elderly, children, babies and
adults. In front of ungraspable cruelty of our people and
the inability of many to absorb the pain of the other people
we call on Palestinians, Jews, and civil society around the
world to join us in appealing to the West – which plays God
in our region – to urgently stop this flood. The international
community must stop this madness before the flames com-
pletely consume the dove, holding its olive branch. Stop this
so that the dove can return to us and proclaim an era of justice in the Middle East from out of the debris of destruction.

We are a community of Palestinian and Jews who work
together in the space between the Jordan River and the
Mediterranean Sea. We work daily to create a community that is free from racism, patriarchy and all forms of
oppression and exploitation. We are a small and unified
community that refuses to submit to the divisive order of
the day, an order full of hate and suspicion. For our work,
we are persecuted, as if we were a spectre haunting the
Middle East and threatening the colonial order.

As we drown in a sea of unprecedented horror, our pain cries out to the heavens with mortal dread at what is being done in our name and in the name of our God. We believe that religious faith is a sacred relationship between an individual and his/her/their God, not one between the state and its subjects. We believe that the colonial edifice that Israel built must be replaced by a space devoid of subjugation and domination, and that the people oppressed by this edifice – those whose future was stolen – have the right to fight for freedom and equality. This includes neither the religious fundamentalist struggle nor the horrors we experienced here.

We believe that all humans must be equal and free regardless of origin, race, religion, nationality or gender.

It is self-evident to us that any struggle, whatever it may be, must uphold human rights. The absence of this will only lead one cruel regime to be replaced by another. This insistence should not be mistaken for flattery to a Western moral code, which only condemns the crimes committed by a »barbarian native« against the »white tribe«. We work, and will always work to create an unarmed space of resistance against the occupation and apartheid. Instead of standing by us, the world sends billions of dollars to an apartheid occupying army that violently suppresses every nonviolent struggle for justice and equality with flagrant disregard for international law.

In demanding freedom for Palestinians, we also seek to release Israel from the shackles of elite rule. Breaking these shackles is the only path for Jewish Israelis to enjoy the pure air of true and equal democracy: a state for all its citizens.

In these difficult days, we ask Hamas to release the elderly, women, minors, and foreign workers among the hostages, and we ask Israel to release the minors, administrative detainees and sick prisoners, with no conditions. We demand Israel to immediately cease the attack and siege on Gaza, and to agree to a prisoner exchange. We demand the international community to stop enabling our disastrous reality, either through direct support or by averting its gaze, and to become part of the fight for sustainable peace and for freedom to all between the river and the sea. These are dramatic moments in which we, all of us, are required to decide – will this land, sacred to three faiths, bring forth a just peace, or a war of mutually assured destruction in the Middle East.

Udi Aloni as representative of a joint collective

Maria Schrader liest
Jehuda Amichai

Der Ort, an dem wir recht haben

An dem Ort, an dem wir recht haben,
werden niemals Blumen wachsen
im Frühjahr.

Der Ort, an dem wir recht haben,
ist zertrampelt und hart
wie ein Hof.

Zweifel und Liebe aber
lockern die Welt auf
wie ein Maulwurf, wie ein Pflug.
Und ein Flüstern wird hörbar
an dem Ort, wo das Haus stand,
das zerstört wurde.

das Haus, das zerstört wurde (ha-bajt ascher nechrav)
   verweist auf den Tempel in Jerusalem.

Aus dem Hebräischen von Lydia und Paulus Böhmer

Aus: Jehuda Amichai: Offen *Verschlossen* Offen. *Gedichte.*
Ausgewählt und mit einem Nachwort von Ariel Hirschfeld.
Aus dem Hebräischen von Anne Birkenhauer und anderen.
Jüdischer Verlag im Suhrkamp Verlag, Berlin 2020.

Helga Schubert schaut
ins All

© ESA

Mir machen die wunderbaren Fotos des neuen James-Webb-Weltraumteleskops die Seele weit und ruhig, eine Forscherin sprach sogar von ikonischen Bildern. Lichtjahre entfernt sind diese Galaxien, ein schwarzes Loch nähert sich. Es tröstet mich, als sterblicher Mensch ein Teil dieser unermesslichen stillen Schönheit zu sein.

Der Satz, der die unvorstellbare Entfernung bezeichnet, wäre also mein Trostsatz:

Euclid – die ersten Bilder des Weltraumteleskops lassen alle Sorgen vergessen.

Katharina Schultens liest
Andrea Zanzotto

Vom Primat der Poesie

Personen: a, b
b – In einer Stimmung tauben Schwindels
Dinge zu ersinnen ohne Stimme
uns ohne uns? Doch ich sehe mein Gesicht,
halte die Hand in die sengende Sonne, ins Wasser,
und träume vom Formlosen nicht;
offene Jahreszeit, Vorsatz
moduliertes Kipp-
element, »Sprache«
wär ich versucht zu sagen …

a – Wenn manchmal ein verhasstes Muss mich von
der süßen Landschaft abzieht, wenn
die Erde Tag für Tag
mich still und dürftig zu sich nimmt
aus reinem Schlaf entsteigend
wenn ich die wiederhergestellte
Wahrheit manchmal gern
vergessen möchte in der grausamen Nekrose
die wir uns selber sind,
dann greife ich dennoch, und plötzlich
nach der Wendung, dem Zusammenklang,
besiege Ängste und umschiffe
Hindernisse, winzig, unmenschlich,
und Liebe
meine ganze Liebe

ist in diesem Ich, so tief und so
dicht, und in diesem Kreis darf alles
mit neuer Unversehrtheit walten, zitternd.
Sieh her: den klarseligen Bachlauf
und seine Dämmerungsvolten, sein Blau;
sieh her: die Hecken und die Sonne und den Kies
sieh her: die Arbeiter, die Bienen und die Flüsse:
das ganze Mosaik, aus dem wir uns zusammensetzen,
selbst starre Steinchen, aber Kraft,
die das roh Gesonderte zu einem macht –
da ist es nun, das schwerelose Leben
in deinen Geist hineingeweht
da ist es nun, das Hirngespinst
zu dem die Welt im Innersten gerinnt
und das dich auffängt, rötlich, warm und treu.
Blätter, tausendfach, umkränzen deine Tage,
du selbst, verbittert, wirst im Schmelz des Wassers
dich wieder sanfter werden sehen
und der Mond,
ein blasser Kelch
wird wie geneigt über dem goldenen September stehen;
so gibt sich, dass was du warst
und was du sein wirst sich vermischen
im Schnitt des Mondes mit dem Wasser,
doch ich werde dich halten, fassen
in diesem Rauschen, noch trauriger als Nichts
und ich weiß nicht ist das auch
dein Ganzes, in diesem Fortsein einer Stille
kaum einmal aufgestört, schon wieder aufgehoben:
Doch von der Stärke, die
die unsre ist, die uns entspricht,
vom großen Traum
von dem ich unermüdlich Zeugnis gebe

(Stunden und Länder und
über allem, du, zwischen den Zeichen
ein ferner Neu-Stern, aufgestiegen
zum Sonnengegenüber, zu den Wäldern, zu den
    hinterlistigen
Versäumnissen) weiß ich, dass ich jede Zeile
dir vergleiche, sie dir bringe, sie mit dir verschlinge
liebend, sprechend, wie mit einer Geste
als könnte es dich dadurch geben. Warum reden,
    sich erheben,
(auch wenn ich träume
ist es derselbe Syllogismus)
eine Spiegel-Selbstbespiegelung: ein souveränes
Einvernehmen.
Und du bemüh dich, du erhebe dich
mit mir für die, die diese Abende mit Mühsal
nähren, sie durch Rast versüßen,
sprich mit mir von blutigen
Septembergärten
dem Schiffbruch zugedreht
von Straßen, die sich schließen, Himmeln
auf die die Schatten schon ihr Ziel gerichtet,
von diesem Echo, abgelegen, das,
in einer leisen Flamme, wie ein Bett
so duftend, unser Wesen aufbewahrt.
Denn das Licht ist nur durch sich
erklärbar, in seinem
Augenblick.

Aus dem Italienischen von Theresia Prammer

Aus: Andrea Zanzotto: Sul primato della poesia. Aus: ders.:
IX Ecloghe. Mondadori, Milano 1962.

Ingo Schulze liest
Dževad Karahasan

Für mich gab es die Möglichkeit, Sarajevo zu verlassen, lange nicht – so wenig wie ich mir vorstellen konnte, plötzlich auf den Händen zu gehen, konnte ich mir vorstellen, Sarajevo zu verlassen. Erst irgendwann im Oktober 1992 hatte ich zum ersten Mal den Wunsch zu gehen. Ich hatte kein Ziel, ich fragte mich auch nicht, wohin ich gehen könnte, ich hatte nur den starken Wunsch, nicht mehr dort zu sein. [...]

Irgendwie zur gleichen Zeit, im Herbst 1992, fiel mir auf, dass ich bereits im Begriff war, mir das dualistische Weltbild anzueignen: Es gibt ›sie‹ und es gibt ›uns‹, wobei wir die Opfer sind, unschuldig und gut, während sie in allem das Gegenteil sind. Meinem Verstand ist klar, dass dieses Bild nicht stimmen kann, aber mein emotionales Wesen muss es sich unter den Verhältnissen der Belagerung aneignen, weil das einzige Unglück, das ich sehe, unseres ist, die einzigen Menschen, mit denen ich mitfühlen kann, unsere sind, alle Leiden, die ich sehe, unsere sind. [...]

Das dualistische Weltbild ist gefährlich, weil es eine Vereinfachung darstellt, die erfolgreich so tut, als wäre sie keine. Doch der Schriftsteller und die Literatur, wie ich sie verstehe, dürfen sich nicht auf die Vereinfachung einlassen, die Vereinfachung ist meinem Empfinden nach eine fundamentale Sünde, die schwerste, die Literatur begehen kann.

Aus: Dževad Karahasan: *Tagebuch der Übersiedlung*. Aus dem Bosnischen von Katharina Wolf-Grießhaber. Suhrkamp Verlag, Berlin 2021. (Interview mit Katharina Raabe)

Annette Simon liest
Marie Luise Kaschnitz

Ein Fenster dem ewigen Licht

Denkt doch, wie lang sie am Werk waren einst in den
  Hütten
Und schufen aus glühenden Farben, aus Kobalt des
  Meeres,
Aus Abendrot, Goldsand, smaragdenen Wäldern des
  Frühlings,
Aus Sehnsucht und Freude und Liebe der Menschen die
  strenge
Leuchtende Rose, ein Fenster dem ewigen Licht.
Und immer war einer, der sagte, die Sonne geht unter.
Und immer war einer, der sagte, fürchtet Euch nicht.

Aus: Marie Luise Kaschnitz: Fürchtet Euch nicht (Auszug). In:
dies.: *Überallnie. Ausgewählte Gedichte 1928–1965.* Claassen
Verlag in den Ullstein Buchverlagen, Berlin 1965.

Jana Simon liest
Swetlana Alexijewitsch

Russland veränderte sich und hasste sich dafür, dass es sich
veränderte. »Ein träger Mongole«, schrieb Karl Marx über
Russland.

Die sowjetische Zivilisation ... Ich beeile mich, ihre Spuren festzuhalten. Die vertrauten Gesichter. Ich frage nicht
nach dem Sozialismus, ich frage nach Liebe, Eifersucht,
Kindheit und Alter. Nach Musik, Tanz und Frisuren. Nach
Tausenden Einzelheiten des verschwundenen Lebens. Das
ist die einzige Möglichkeit, die Katastrophe in den Rahmen
des Gewohnten zu zwingen und etwas darüber zu erzäh-
len. Etwas zu verstehen. Ich staune immer wieder, wie inte-
ressant das normale menschliche Leben ist. Unendlich viele
menschliche Wahrheiten ... Historiker interessieren sich
nur für Fakten, die Gefühle bleiben draußen. Sie werden
von der Geschichtsschreibung nicht erfasst. Ich aber sehe
die Welt mit den Augen der Menschenforscherin, nicht mit
denen eines Historikers. Ich bestaune den Menschen ...

Aus: Swetlana Alexijewitsch: *Secondhand-Zeit. Leben auf
den Trümmern des Sozialismus.* Aus dem Russischen von
Ganna-Maria Braungardt. Hanser Berlin, München 2013.

Thomas Sparr liest
Thomas Brasch

Was ich habe,
will ich nicht verlieren

Was ich habe, will ich nicht verlieren, aber
wo ich bin, will ich nicht bleiben, aber
die ich liebe, will ich nicht verlassen, aber
die ich kenne, will ich nicht mehr sehen, aber
wo ich lebe, da will ich nicht sterben, aber
wo ich sterbe, da will ich nicht hin:
Bleiben will ich, wo ich nie gewesen bin.

Aus: *Herzzeit. Fünfzig Liebesgedichte aus der neuen deutschen Lyrik*. Deutsch und Arabisch. Herausgegeben von Petra Hardt und Thomas Sparr. Kalima Verlag, Abu Dhabi 2022.

توماس بـراش
مـا أملكـه، لا أريـد أن أخسـره

مـا أملكـه، لا أريـد أن أفقـده
حيثمـا أنـا، لا أريـد البقـاء، لكن
من أحبهـا، لا أريـد هجـرها، لكن
من أعـرفها، لا أريـد لقـاءهـا، لكن
حيثمـا أحيـا، لا أريـد أن أموت، لكن
لا أريـد الذهـاب إلى حـيث أموت:
أريـد أن أبقى، حـيث لـم أكن قـط

Daniel Speck liest
Daniel Speck

Angeregt durch Oliver Vogels Mail habe ich mir ein Buch von Thích Nhất Hạnh bestellt, das den Titel trägt Peace Begins Here: Palestinians and Israelis Listening to Each Other. *Es basiert auf einem buddhistischen Retreat mit Israelis und Palästinensern, die einander erzählt und zugehört haben: Individuelle Lebensgeschichten als Mosaiksteine eines zerrissenen Landes, das von unterschiedlichen, ja unversöhnlich scheinenden Narrativen geprägt ist und damit sinnbildlich für die gesellschaftlichen und politischen Spaltungen unserer Zeit steht. Darin werde ich vielleicht ein kluges Zitat finden, aber das Buch kommt aus den USA – zu spät für Ihr Buchprojekt.*

Insofern kann ich Ihnen jetzt nur den Epilog aus Jaffa Road *anbieten, der meine Hoffnung ausdrückt, dass aus den Scherben der Gegenwart eine neue Zukunft zusammengesetzt werden kann. Besser kann ich meine Gefühle nicht zum Ausdruck bringen, und mehr als diese Hoffnung habe ich nicht.*

Wir fahren nicht zurück nach Palermo, sagt Joëlle, als sie ihren Blick von den Wellen abwendet. Silberne Reflexe leuchten auf ihrem Gesicht, das auf einmal alle Schwere verliert, als wäre sie wieder das Mädchen auf den Kinderfotos. Lasst uns weiterfahren, nach Süden! Ich lade euch ein, nur für ein paar Tage, an einen Ort, den es nicht mehr gibt. *Casa mia.* Wo ich herkomme. Ein winziger Ort,

172

nicht mal eine Stadt, nur ein Viertel am Hafen. Aber dieses Viertel war eine ganze Welt. Es war Haifa, Jaffa und Palermo zugleich. Viele glauben nicht, dass diese Welt einmal existierte. Ich aber bin dort geboren. Ich weiß, warum wir fortgegangen sind. Und ich weiß, warum wir nie aufgehört haben, uns zurück zu sehnen. Aber seht es selbst, mein Piccola Sicilia, auch wenn die Menschen, die es erschaffen haben, verschwunden sind. Schließt eure Augen, dann hört ihr die vielen Stimmen der Kinder, die barfuß durch die Gassen und über die Dächer liefen, bis zum Meer. Das waren *wir*, und worin wir uns unterschieden, brachten sie uns erst später bei.

Wenn er einmal existiert hat, dieser kleine Kosmos, wer sagt, dass wir ihn nicht wieder aufbauen können? Die Schatten wachsen, uns bleibt wenig Zeit. Niemand kann es alleine tun. Und nicht alles, was zerbrochen ist, kann repariert werden. Aber manche Scherben haben Jahrtausende überdauert; man kann sie aufheben, reinigen und neu zusammenfügen. Es wird nie wieder so sein wie vorher, aber vielleicht sogar schöner. So wie ein Gesicht, das sich dem Leben zuwendet, damit es seine Geschichten darauf schreibt, schöner ist als eines, das von der Welt nichts weiß und nichts wissen will. Denn tatsächlich ist es gar kein Ort, dieses kleine Viertel am Meer, sondern eine Haltung des Herzens.

Und das Herz ist grenzenlos.

Aus: Daniel Speck: *Jaffa Road*. Roman. Fischer Taschenbuch, Frankfurt am Main 2022.

Arnold Stadler liest
Aischylos

Denn der Krieg ist Bankier, Fleisch sein Gold.
Dort beim Schmelzofen des Schlachtfelds von Troja,
Wo Vorstoß auf Vorstoß folgt, sitzt er und hält
Seine Waage und sieht die Speerspitzen wogen;
Und heim in wartende Häuser sendet er
Schlacke vom Erzgestein, ein wenig Staub,
Um Freundesherzen heiße Tränen abzuringen;
Gerüttelt Maß, sicher versiegelt und verwahrt
Im geziemenden Krug – der gerechte
Preis für den Mann, den sie sandten
Sie loben ihn unter Tränen und sagen:
»Er war ein Soldat!«, oder: »Er starb
Edlen Muts, den Tod ihm zu seiten!«
Und wilder Groll murrt leise:
»Ja – für das Weib eines andren!« Und so
Gebiert Trauer Bitternis, von Furcht verhohlen –
Laßt ab von Königen und ihren Rachefeldzügen!

Aus: *Tohuwabohu. Heiliges und Profanes, gelesen und
wiedergelesen von Arnold Stadler nach dem 11. September
2001 und darüber hinaus.* DuMont, Köln 2002.

Peter Stamm liest
Georges Perec

Du bist nicht tot. Du bist nicht verrückt geworden.

Das Unheil existiert nicht, es ist anderswo. Die kleinste Katastrophe hätte vielleicht genügt, um dich zu retten; du hättest alles verloren, du hättest etwas zu verteidigen gehabt, hättest Worte zu sagen gehabt, um zu überzeugen, um aufzuwühlen. Aber du bist nicht einmal krank. Weder deine Tage noch deine Nächte sind in Gefahr. Deine Augen sehen, deine Hand zittert nicht, dein Puls ist regelmäßig, dein Herz schlägt. Wärest du hässlich, wäre deine Hässlichkeit vielleicht faszinierend, aber du bist nicht einmal hässlich, du bist kein Buckliger, kein Stotterer, kein Einarmiger, kein Einbeiniger, ja, du hinkst nicht einmal.

Kein Fluch lastet auf deinen Schultern. Du bist vielleicht ein Ungeheuer, aber kein Ungeheuer der Höllen. Du brauchst dich nicht zu winden, du brauchst nicht zu heulen. Keine Prüfung wartet auf dich, kein Felsbrocken des Sisyphus, kein Becher wird dir hingehalten und sofort verweigert werden, kein Rabe will dir an die Augäpfel, keinem Geier wurde als unverdauliche Strafarbeit auferlegt, morgens, mittags und abends an deiner Leber zu futtern. Du brauchst dich nicht vor deine Richter zu schleppen, und um Gnade zu schreien, um Mitleid zu flehen. Niemand verdammt dich, und du hast dir nichts zuschulden kommen lassen. Niemand schaut dich an, um sich sofort entsetzt wieder von dir abzuwenden.

Die Zeit, die über allem wacht, hat gegen deinen Willen eine Lösung gebracht.
Die Zeit, die die Antwort kennt, ist weitergegangen.

Es ist ein Tag wie dieser hier, ein wenig später, ein wenig früher, an dem alles neu beginnt, an dem alles beginnt, an dem alles weitergeht.

Hör auf zu reden wie ein Mensch, der träumt.

Schau! Schau sie an! Sie sind Tausende und Abertausende, schweigsame Wachposten, unbewegliche Erdbewohner, längs der Kais stehend, der Uferböschungen, längs der im Regen ertränkten Bürgersteige der Place Clichy, mitten in einer Ozeanträumerei, und sie warten auf den Nieselregen, auf die Brandung der Gezeiten, auf den rauen Ruf der Seevögel.

Nein. Du bist nicht mehr der anonyme Herr der Welt, der, über den die Geschichte keine Macht hatte, der, der den Regen nicht fallen spürte, der die Nacht nicht kommen sah. Du bist nicht mehr der Unzugängliche, der Reine, der Durchsichtige. Du hast Angst, du wartest. Du wartest an der Place Clichy, daß der Regen aufhört zu fallen.

Aus: Georges Perec: *Ein Mann der schläft*. Aus dem Französischen von Eugen Helmlé. diaphanes, Zürich 2012.

Thomas von Steinaecker liest
Rainer Maria Rilke

Das Atemgedicht / XXIX

Stiller Freund der vielen Fernen, fühle,
wie dein Atem noch den Raum vermehrt.
Im Gebälk der finstern Glockenstühle
laß dich läuten. Das, was an dir zehrt,

wird ein Starkes über dieser Nahrung.
Geh in der Verwandlung aus und ein.
Was ist deine leidendste Erfahrung?
Ist dir Trinken bitter, werde Wein.

Sei in dieser Nacht aus Übermaß
Zauberkraft am Kreuzweg deiner Sinne,
ihrer seltsamen Begegnung Sinn.

Und wenn dich das Irdische vergaß,
zu der stillen Erde sag: Ich rinne.
Zu dem raschen Wasser sprich: Ich bin.

Aus: Rainer Maria Rilke: *Die Sonette an Orpheus*. Insel
Verlag, Frankfurt am Main und Leipzig 1991.

Marlene Streeruwitz liest
Voltaire

»Ich vermute, daß im allgemeinen jene, die sich in öffentliche Angelegenheiten mischen, elend zugrundegehen und daß sie es verdienen; ich erkundige mich nie, was in Konstantinopel geschieht; ich gebe mich damit zufrieden, die Früchte des Gartens, den ich bebaue, dorthin zu schicken.« Nach diesen Worten lud er die Fremden in sein Haus. Seine beiden Töchter und seine beiden Söhne trugen verschiedene Sorten selbstbereiteten Sorbet auf, Kaimak mit Zitronenschalen, Orangen, Zitronen, Limonen, Ananas, Datteln, Pistazien und Mokkakaffee, der nicht mit dem schlechten batavischen oder dem der Inseln gemischt war. Darauf parfümierten die beiden Töchter dieses guten Muselmanns die Bärte Candides, Pangloß' und Martins.

»Sie haben wohl«, sagte Candide zu dem Türken, »ein sehr ausgedehntes und prächtiges Landgut?« – »Ich besitze nur zwanzig Morgen,« antwortete der Türke; »ich bebaue sie mit meinen Kindern. Die Arbeit hält drei große Übel von uns fern: Langeweile, Laster und Sorge.«

Als Candide in die Meierei zurückkam, stellte er tiefe Betrachtungen über die Rede des Türken an. Er sagte zu Pangloß und Martin: »Es scheint mir, dieser gute Greis hat sich sein Schicksal so gestaltet, daß es dem der sechs Könige, mit denen wir zu speisen die Ehre hatten, weit vorzuziehen ist.« – »Ehren und Würden«, sagte Pangloß, »sind sehr gefährlich, alle Philosophen bestätigen es. Eglon, König der Moabiter, wurde von Aod gemordet; Absalon bei den Haaren aufgehängt und von drei Lanzen durchbohrt; der

König Nadab, Sohn des Jeroboham, von Basa getötet; der König Ela von Zambri; Ochosias von Jehu; Athalja von Joiada; die Könige Jojakim, Jechonias, Sedekias wurden zu Sklaven gemacht. Sie wissen, wie Krösus unterging, ebenso wie Astyages, Darius, Dionys von Syrakus, Pyrrhus, Perseus, Hannibal, Jugurtha, Ariovist, Cäsar, Pompejus, Nero, Otho, Vitellius, Domitian, Richard II. von England, Eduard II., Heinrich VI., Richard III., Maria Stuart, Karl I., die drei Heinriche von Frankreich und der Kaiser Heinrich der IV.? Sie wissen ...« – »Ich weiß auch,« sagte Candide, »daß wir unsern Garten bebauen müssen.« – »Sie haben recht,« sagte Pangloß; »denn als der Mensch in den Garten Eden gesetzt wurde, geschah es, ut operaretur eum, damit er arbeite, was beweist, daß der Mensch nicht für die Ruhe geboren ist.« – »Laßt uns arbeiten, ohne zu philosophieren,« sagte Martin; »das ist das einzige Mittel, das Leben erträglich zu gestalten.«

Die ganze kleine Gesellschaft war einverstanden mit diesem lobenswerten Vorsatz; jeder machte sich daran, seine Talente auszuüben. Das kleine Gut brachte viel ein. Kunigunde war in der Tat sehr häßlich; aber sie wurde eine ausgezeichnete Kuchenbäckerin; Paquette stickte; die Alte besorgte die Wäsche. Bis auf den Bruder Giroflée war keiner, der nicht Dienst tat; er wurde ein sehr tüchtiger Tischler und sogar ein anständiger Mensch. Und Pangloß sagte manchmal zu Candide: »Alle Ereignisse verketten sich in dieser besten der möglichen Welten, denn schließlich: wenn Sie nicht für Ihre Liebe zu Fräulein Kunigunde mit einem tüchtigen Fußtritt in den Hintern aus einem schönen Schlosse verjagt worden wären, wenn Sie nicht auf die Inquisitionsliste gesetzt und Amerika zu Fuß durchquert hätten, wenn Sie ferner dem Baron nicht einen gewaltigen

Schwerthieb versetzt sowie all Ihre Hammel aus dem guten Lande Eldorado verloren hätten, würden Sie hier nicht eingemachte Zitronen und Pistazien essen.« –

»Das ist ist sehr gut gesagt,« antwortete Candide, »aber wir müssen unsern Garten bebauen.«

Aus: Voltaire: Candide oder der Optimismus. In: ders.: *Romane*. Deutsch von Ilse Linden. Propyläen-Verlag, Berlin 1923.

Antje Rávik Strubel liest
Mirkka Rekola

Sprechen
als ob in meinen Wörtern
immer noch eine Stimme wäre
und du deinem Nächsten beantwortest
in diesem Wind
der vom Anfang kommt
auf und herum geht unaufhörlich
                         hier sind wir
so gleichaltrig
dass wir gleichzeitig schreien könnten

                    *

Ich schaue auf diese Hand und sie ist ruhig.
Ich kann nicht über die Freude trauern, die ging,
ich bin nicht auf die Art bekümmert
wie du glaubst.
Aber ich kann auf diese Hand schauen und denken
dass vielleicht auch darin ein Strom fließt
umso sicherer, wenn sie kalt ist.

                    *

Aber ich lebe doch immer noch
                    auch ohne dass ich es will,
ich, die ich dies mit meinem Körper bezeuge
und hier stehe
als stünde ich an meinem Grab.

In meinen Augen
liegt in jedem Sonnenuntergang
der ganze Glanz des vergangenen Tages.

                    *

Auch damals hatte ich
nur das Fenster:
                    ich wollte zuschauen.
Und die Ohren hörten die Kinderstimmen von weit,
                    am Anfang der Zeiten Spiele
die niemandem beigebracht wurden.
Komm, hatte ich sie gerufen: komm,
das was am kleinsten ist
braucht deinen ganzen Körper.
Und ich hatte meine Hoffnung auf die Welt gesetzt
Und sie wurde mir nicht abgenommen.

                    *

Wenn ich auf dem Eis gehe
Aufs offene Meer in der Sonne
Bin ich glücklich,
          ich vergesse immer
dass ich dorthin wollte.

Aus: Mirkka Rekola: *Himmel aus blauem Feuer. Gedichte.*
Hrsg. und aus dem Finnischen übersetzt von Stefan Moster.
Werner Söderström Osakeyhtiö, Helsinki 2001.

Frank Trentmann hört
Richard Strauss

Morgen!

Und morgen wird die Sonne wieder scheinen,
und auf dem Wege, den ich gehen werde,
wird uns, die Glücklichen, sie wieder einen
inmitten dieser sonnenatmenden Erde ...

Und zu dem Strand, dem weiten, wogenblauen,
werden wir still und langsam niedersteigen,
stumm werden wir uns in die Augen schauen,
und auf uns sinkt des Glückes stummes Schweigen ...

Aus: Richard Strauss: *Vier Lieder, opus 27*, Nr. 4, 1894.
Textdichter: John Henry Mackay (1864–1933)

Deniz Utlu liest
Albert Camus

»Wissen Sie, was wir für die Freundschaft tun sollten?«
sagte er.

»Was Sie wollen« sagte Rieux.

»Im Meer baden. Das ist sogar für einen künftigen Heiligen ein würdiges Vergnügen.«

Rieux lächelte.

»Mit unseren Passierscheinen können wir auf die Mole
gehen. Schließlich ist es doch zu dumm, nur in der Pest zu
leben. Natürlich muß ein Mann für die Opfer kämpfen.
Aber was nützt das, wenn er aufhört, irgend etwas anderes
zu lieben?«

»Ja, gehen wir«, sagte Rieux.

Wenig später hielt das Auto an den Gittertoren des Hafens. Der Mond war aufgegangen. Ein milchiger Himmel
warf überall blasse Schatten. Hinter ihnen stieg die Stadt
stufenförmig an, und aus ihr kam ein heißer, kranker
Hauch, der sie zum Meer trieb. Sie zeigten ihre Papiere
einem Wachposten, der sie ziemlich lange prüfte. Sie wurden durchgelassen und gingen über die voll Fässer stehenden Dämme und durch Wein- und Fischgerüche auf die
Mole zu. Kurz davor kündigte ihnen der Geruch von Jod
und Algen das Meer an. Dann hörten sie es.

Es plätscherte leise gegen die untersten großen Blöcke
der Mole, und als sie hinaufkletterten, tauchte es vor ihnen
auf, dicht wie Samt, weich und glatt wie ein Tier. Sie setzten sich auf die Felsen, dem offenen Meer zugewandt. Das
Wasser hob und senkte sich träge. Dieses ruhige Atmen

des Meeres ließ Ölschlieren auf der Wasseroberfläche aufscheinen und verschwinden. Vor ihnen lag grenzenlos die Nacht. Rieux, der unter seinen Fingern das körnige Antlitz der Felsen spürte, war von einem seltsamen Glücksgefühl erfüllt. Als er sich Tarrou zuwandte, erriet er auf dem ruhigen, ernsten Gesicht seines Freundes das gleiche Glücksgefühl, das nichts vergißt, nicht einmal das Morden.

Sie legten ihre Kleidung ab. Rieux sprang als erster. Das Wasser kam ihm zuerst kalt, dann, als er wieder auftauchte, lauwarm vor. Nach einigen Stößen wußte er, daß das Meer an diesem Abend lauwarm war, von der lauen Wärme der Herbstmeere, die der Erde die in langen Monaten gespeicherte Hitze entzogen. Er schwamm stetig. Sein Fußschlag ließ einen brodelnden Schaum hinter ihm, das Wasser glitt an seinen Armen entlang und schmiegte sich um seine Beine. Ein schweres Klatschen sagte ihm, daß Tarrou gesprungen war. Rieux drehte sich auf den Rücken und lag reglos angesichts des umgekippten Himmels mit dem Mond und den Sternen. Er atmete tief. Dann vernahm er immer deutlicher ein in der Stille der Einsamkeit und der Nacht seltsam klares Klatschen im Wasser. Tarrou näherte sich, er hörte bald sein Atmen. Rieux drehte sich wieder um, schloß zu seinem Freund auf und schwamm im gleichen Rhythmus. Tarrou machte kräftigere Züge als er, und er mußte sein Tempo steigern. Einige Minuten lang schwammen sie im gleichen Takt und mit der gleichen Kraft, einsam, fern von der Welt, endlich von der Stadt und der Pest befreit. Rieux machte als erster halt, und sie schwammen langsam zurück, außer an einer Stelle, wo sie in eine eiskalte Strömung kamen. Von dieser Überraschung des Meeres gepeitscht, beschleunigten beide wortlos ihre Züge.

Wieder angezogen, brachen sie auf, ohne ein Wort ge

sprochen zu haben. Aber ihre Herzen fühlten gleich, und die Erinnerung an diese Nacht war wohltuend für sie. Als sie von weitem die Pestwache erblickten, wußte Rieux, daß Tarrou wie er dachte, daß die Krankheit sie eben vergessen hatte, daß das gut war und daß es jetzt wieder anzufangen galt.

Aus: Albert Camus: *Die Pest*. Aus dem Französischen von Uli Aumüller. Rowohlt Taschenbuch, Reinbek bei Hamburg 2002.

Joseph Vogl liest
Robert Musil

Wenn es Wirklichkeitssinn gibt, muß es auch
Möglichkeitssinn geben

Wenn man gut durch geöffnete Türen kommen will, muß man die Tatsache achten, daß sie einen festen Rahmen haben: dieser Grundsatz, nach dem der alte Professor immer gelebt hatte, ist einfach eine Forderung des Wirklichkeitssinns. Wenn es aber Wirklichkeitssinn gibt, und niemand wird bezweifeln, daß er seine Daseinsberechtigung hat, dann muß es auch etwas geben, das man Möglichkeitssinn nennen kann.

Wer ihn besitzt, sagt beispielsweise nicht: Hier ist dies oder das geschehen, wird geschehen, muß geschehen; sondern er erfindet: Hier könnte, sollte oder müßte geschehn; und wenn man ihm von irgend etwas erklärt, daß es so sei, wie es sei, dann denkt er: Nun, es könnte wahrscheinlich auch anders sein. So ließe sich der Möglichkeitssinn geradezu als die Fähigkeit definieren, alles, was ebensogut sein könnte, zu denken und das, was ist, nicht wichtiger zu nehmen als das, was nicht ist. Man sieht, daß die Folgen solcher schöpferischen Anlage bemerkenswert sein können, und bedauerlicherweise lassen sie nicht selten das, was die Menschen bewundern, falsch erscheinen und das, was sie verbieten, als erlaubt oder wohl auch beides als gleichgültig. Solche Möglichkeitsmenschen leben, wie man sagt, in einem feineren Gespinst, in einem Gespinst von Dunst, Einbildung, Träumerei und Konjunktiven; Kindern, die diesen Hang haben, treibt man ihn nachdrücklich aus und nennt solche Menschen vor ihnen Phantasten, Träumer, Schwächlinge und Besserwisser oder Krittler.

Wenn man sie loben will, nennt man diese Narren auch Idealisten, aber offenbar ist mit alledem nur ihre schwache Spielart erfaßt, welche die Wirklichkeit nicht begreifen kann oder ihr wehleidig ausweicht, wo also das Fehlen des Wirklichkeitssinns wirklich einen Mangel bedeutet. Das Mögliche umfaßt jedoch nicht nur die Träume nervenschwacher Personen, sondern auch die noch nicht erwachten Absichten Gottes. Ein mögliches Erlebnis oder eine mögliche Wahrheit sind nicht gleich wirklichem Erlebnis und wirklicher Wahrheit weniger dem Werte des Wirklichseins, sondern sie haben, wenigstens nach Ansicht ihrer Anhänger, etwas sehr Göttliches in sich, ein Feuer, einen Flug, einen Bauwillen und bewußten Utopismus, der die Wirklichkeit nicht scheut, wohl aber als Aufgabe und Erfindung behandelt. Schließlich ist die Erde gar nicht alt und war scheinbar noch nie so recht in gesegneten Umständen. Wenn man nun in bequemer Weise die Menschen des Wirklichkeits- und des Möglichkeitssinns voneinander unterscheiden will, so braucht man bloß an einen bestimmten Geldbetrag zu denken. Alles, was zum Beispiel tausend Mark an Möglichkeiten überhaupt enthalten, enthalten sie doch ohne Zweifel, ob man sie besitzt oder nicht; die Tatsache, daß Herr Ich oder Herr Du sie besitzen, fügt ihnen so wenig etwas hinzu wie einer Rose oder einer Frau. Aber ein Narr steckt sie in den Strumpf, sagen die Wirklichkeitsmenschen, und ein Tüchtiger schafft etwas mit ihnen; sogar der Schönheit einer Frau wird unleugbar von dem, der sie besitzt, etwas hinzugefügt oder genommen. Es ist die Wirklichkeit, welche die Möglichkeiten weckt, und nichts wäre so verkehrt, wie das zu leugnen. Trotzdem werden es in der Summe oder im Durchschnitt immer die gleichen Möglichkeiten bleiben, die sich wiederholen, so lange bis ein Mensch kommt, dem eine wirkliche Sache nicht mehr bedeutet als eine gedachte. Er ist es, der den neuen Möglichkeiten erst ihren Sinn und ihre Bestimmung gibt, und er erweckt sie.

Aus: Robert Musil: *Der Mann ohne Eigenschaften*. Roman. Herausgegeben von Adolf Frisé. Rowohlt Verlag, Reinbek bei Hamburg 2000.

Stephan Wackwitz liest
Ralph Waldo Emerson

Self-Reliance

HENCEFORTH, please God, forever I forego
The yoke of men's opinions. I will be
Light-hearted as a bird, and live with God.
I find him in the bottom of my heart,
I hear continually his voice therein.

The little needle always knows the North,
The little bird remembereth his note,
And this wise Seer within me never errs.
I never taught it what it teaches me;
I only follow, when I act aright.

October 9, 1832.

Aus: *The Essential Writings of Ralph Waldo Emerson.*
Edited by Brooks Atkinson, introduction by Mary Oliver.
Modern Library, New York 2000.

Cécile Wajsbrot liest
Virginia Wolf

Als der Sommer nahte, als die Abende länger wurden, da kamen den Wachenden, den Hoffnungsvollen, die am Strand entlangwanderten, das Wasserloch aufrührten, Vorstellungen der seltsamsten Art in den Sinn – von Fleisch, das zu Atomen wurde, die vor dem Wind hertrieben, von Sternen, die in ihren Herzen blitzten, von Klippe, Meer, Wolke und Himmel, absichtsvoll zusammengeführt, um nach außen hin die zerfallenen Teile der inneren Vision zusammenzufügen. In jenen Spiegeln, dem Innern der Menschen, in jenen Löchern mit unruhigem Wasser, worin auf ewig sich Wolken drehen und Schatten bilden, lebten Träume fort, und es war unmöglich, der seltsamen Andeutung zu widerstehen, die jede Möwe, Blume, jeder Baum und jeder Mann und jede Frau und die weiße Erde selbst zu machen schienen (um sich jedoch, darauf befragt, sofort zurückzuziehen), daß das Gute triumphiere, das Glück die Oberhand behalte, die Ordnung regiere; oder dem ungeheuerlichen Drang zu widerstehen, hierhin und dorthin zu schweifen auf der Suche nach einem absoluten Guten, einem Kristall intensiven Erlebens, weit weg von den bekannten Freuden und vertrauten Tugenden, nach etwas, das den Abläufen des häuslichen Lebens fremd war, lauter, widerstandsfähig, leuchtend wie ein Diamant im Sand, der dem Besitzer Geborgenheit wiedergeben würde. Obendrein warf, besänftigt und beifällig, der Frühling mit seinen summenden Bienen und tanzenden Mücken seinen Mantel um, verschleierte seinen Blick, wandte den Kopf ab und schien zwischen vorübergehenden Schatten und

Schauern von feinem Regen ein Wissen um die Nöte der Menschheit auf sich genommen zu haben.

[Prue Ramsay starb in jenem Sommer an einer mit der Niederkunft zusammenhängenden Krankheit, was wirklich eine Tragödie sei, sagten die Leute. Sie sagten, niemand hätte so sehr Glück verdient wie sie.]

Und jetzt, in der Sommerhitze, ließ der Wind seine Spione abermals auf das Haus los. Fliegen webten ein Gewebe in den sonnigen Zimmern; Gestrüpp, das dicht ans Gras herangewachsen war, tappte des Nachts methodisch an die Fensterscheibe. Als die Dunkelheit sich niedersenkte, fiel der Strahl des Leuchtturms, der sich mit so viel Autorität auf den Teppich in der Dunkelheit gelegt und sein Muster nachgezeichnet hatte, jetzt im weicheren Licht des Frühlings, gemischt mit Mondlicht, sanft gleitend, herein, als käme er um einer Liebkosung willen und verharre verstohlen und schaue und nähere sich liebevoll von neuem. Doch mitten zwischen zärtlichen Liebkosungen, als der lange Strahl sich über das Bett lehnte, wurde der Felsen auseinandergerissen; löste sich eine weitere Falte der Stola; da hing sie und schwang hin und her. Durch die kurzen Sommernächte und die langen Sommertage, wenn die leeren Zimmer vom Echo der Felder und dem Gesumm der Fliegen zu murmeln schienen, wehte das lange Band sanft, schwang ziellos hin und her; während die Sonne auf diese Weise die Zimmer streifte und vergitterte und sie mit gelbem Dunst anfüllte, so daß Mrs McNab, wenn sie einfiel und umhertorkelte, abstaubend, fegend, wie ein tropischer Fisch aussah, der durch von Sonnenlanzen durchbohrtes Gewässer vorwärtsruderte.

Aus: Virginia Woolf: *Zum Leuchtturm*. Aus dem Englischen von Karin Kersten. Fischer Taschenbuch, Frankfurt am Main 2016.

Stefan Weidner liest
Mahmud Darwish

Wir lieben das Leben

Auch wir lieben das Leben, wo wir nur können,
Wir tanzen zwischen zwei Märtyrern,
Zwischen ihnen pflanzen wir Palmen für die Veilchen
    oder errichten ein Minarett.
Wir lieben das Leben, wo wir nur können,
Und stehlen dem Seidenwurm einen Faden,
Um einen Himmel aufzuspannen und die Reise einzuzäu-
    nen.
Wir öffnen das Gartentor,
Damit der Jasmin als schöner Tag auf die Straßen hinaus-
    geht.
Wir lieben das Leben, wo wir nur können.
Wo immer wir uns niederlassen, säen wir schnellwüchsige
    Pflanzen,
Wo immer wir uns niederlassen, ernten wir einen Toten.
Wir blasen auf der Flöte die Farbe der fernen Ferne,
Malen auf den Staub des Weges ein Wiehern
Und schreiben unseren Namen Stein für Stein –
O Blitz, erhelle die Nacht für uns, erhell sie ein wenig.
Wir lieben das Leben, wo wir nur können.

Aus: Mahmud Darwish: *Wir haben ein Land aus Worten.*
Ausgewählte Gedichte 1986–2002, arabisch und deutsch.
Aus dem Arabischen von Stefan Weidner. Ammann Verlag,
Zürich 2002.

Harald Welzer liest
Cormac McCarthy

Er hob eines der Bücher auf [in einer zerstörten Bibliothek]
und durchblätterte die schweren, aufgequollenen Seiten. Er
hätte nicht gedacht, dass der Wert des geringsten Gegen-
standes eine künftige Welt voraussetzte. Das überraschte
ihn. Dass der Raum, den diese Gegenstände einnahmen,
selbst schon eine Erwartung war.

Aus: Cormac McCarthy: *Die Straße*. Aus dem amerikanischen
Englisch von Nikolaus Stingl. Rowohlt Verlag, Reinbek bei
Hamburg 2007.

Thomas Wild liest
Ilse Aichinger

Im Aufbruch

Bill Brandt: Are we planning a new deal for youth?

Nur ein Jahr, nur ein Tag, ein Augenblick. Aber seit dem Foto von Bill Brandt nicht mehr aufzuheben. Es könnte verlorengehen, zerstört werden wie Länder, Städte, Menschen und bliebe doch: in seiner Bewegung, seinem Licht, seiner Flüchtigkeit.

Die amüsierten Kinder werden zur Jahrhundert- oder gar Jahrtausendwende ältere Leute sein, aber hoffentlich immer noch amüsiert und nicht etabliert, ob mit Familien, Freunden, allein oder im Grab. Und immer noch fähig, wilde Schritte zu riskieren, unnütze Wege, Gedankensprünge über unsichere Dächer hinweg, aus dem lieben Schlaf, den ärmlichen Behausungen, sofern sie es bis dahin zu eigenen gebracht haben, den Wohnzimmern, Küchen mit dem Geruch nach angebranntem Porridge und billigen Bodenbelägen. Immer noch auf Paradoxien aus, die ihnen gar nicht bewußt sind.

Kein Foto kann mehr als den Augenblick festhalten – und das, was er hergibt. Auf die Äonen verweist es eher dann, wenn es sie nicht bemüht. Selbst das Foto eines Granateinschlags oder eines Waggons mit Deportierten ermüdet den Unbeteiligten oder läßt ihn desinteressiert. Die Information bleibt aus oder wird abgelehnt. »Nichts Neues«, wäre ein möglicher Kommentar des Betrachters, der sich um so weniger für durchschnittlich hält, je mehr er's ist.

So wird die Randszene, das Detail zum Brennpunkt. Die armselige Häuserzeile einer englischen Kleinstadt oder eines Vororts von London ist fürs erste nebensächlich. Wenn es nicht das Foto von Bill Brandt gäbe.

Der 2. Januar 1943. Der Zweite Weltkrieg ist noch nicht entschieden, aber die Schlacht um Stalingrad beginnt. Ende Januar und Anfang Februar 1943 wendet sich das Glück.

Die Kinder auf Bill Brandts Foto kümmert das nicht. Der verwegene Blick der Anführerin, des Gogogirls der Szene, der weiße Unterrock, die hängenden Strümpfe, die ersten Stöckelschuhe, das Gelächter der Freundin: der Augenblick trägt sie. Und Bill Brandts Kamera kommt ihm zu Hilfe.

Sein Foto definiert, was es zu schildern versucht. Und das gelingt in diesem Bereich nur selten. Die Ambition Bill Brandts gilt dem Bild, fast hat man den Eindruck, daß es ihm gleichgültig ist, ob es seine Augen oder die eines anderen sind, die es wahrnehmen. Er läßt es fliegen, wie er als Junge vielleicht Drachen fliegen ließ, nicht nur mit dem Wunsch, sie steigen zu sehen, sondern auch mit dem selteneren und verborgenen Wunsch: daß sie wegbleiben, daß sie nur so hoch steigen, um nicht wiederzukommen. Er hat sein Foto verschenkt. Es erinnert mich an diejenigen, die ihr Leben im selben Jahr verschenkt haben.

Inge Scholl, die älteste Schwester von Sophie und Hans Scholl, die 1943 hingerichtet wurden, ist vor kurzem nach einem langen und schwierigen Leiden gestorben. Ihr abschließendes Wort, ehe ihr der Atem wegblieb, war: »Tschüss.«

Sie, die häufig vor der Gefahr der Verharmlosung gewarnt hatte, hat den eigenen Tod auf die Schippe genommen.

Von einer heute noch nicht dreijährigen Kleinen in Berlin gibt es die entsprechende konzise Formulierung für die Vorstellung von Leben, Zukunft und Glück: Beim Anblick einer Weihnachtsdarstellung bemerkte sie, auf das kleine Kind deutend, das für sie nichts anderes ist: »Mama, ich glaube, der Kleine wird im Stehen schaukeln können. Wenn er einmal stehen kann.«

Und damit ist das Foto von Bill Brandt wieder mitten im Spiel: Seine Slumkinder schaukeln im Stehen, amüsieren sich an den Ziegelmauern, sind in Bewegung und im Aufbruch, siegreich, ohne darauf zu bestehen. Bill Brandts Foto holt sie aus der Banalität, der ihre Existenz ausgesetzt ist, und läßt sie die Spiegelungen bestehen, denen dieses Jahrhundert ausgesetzt war und dem es unterlegen ist.

(1998)

Aus: Ilse Aichinger: *Film und Verhängnis. Blitzlichter auf ein Leben.* S. Fischer Verlag, Frankfurt am Main 2001.

Thomas Wild liest
Hannah Arendt

Von der Menschlichkeit in finsteren Zeiten

Es geht um die Frage, wieviel Wirklichkeit auch in einer unmenschlich gewordenen Umgebung festgehalten werden muß, um Menschlichkeit nicht zu einer Phrase oder einem Phantom werden zu lassen. Oder anders gewendet, wie weit man der Welt auch dann noch verpflichtet bleibt, wenn man aus ihr verjagt ist oder sich aus ihr zurückgezogen hat. Denn ich möchte keineswegs behaupten, daß die innere Emigration, die Flucht aus der Welt in die Verborgenheit, aus der Öffentlichkeit in die Anonymität – wenn sie nur wirklich vollzogen wurde und nicht nur ein Vorwand war, mit innerlichen Vorbehalten zu tun, was alle taten, um sich vor sich selbst zu salvieren – nicht eine berechtigte und in vielen Fällen sogar die einzig mögliche Haltung gewesen ist. Die Weltflucht in den finsteren Zeiten der Ohnmacht ist immer zu rechtfertigen, solange die Wirklichkeit nicht ignoriert wird, sondern als das, wovor man flieht, in der ständigen Präsenz gehalten wird. Wo Menschen sich so verhalten, kann auch das Private eine zwar immer noch ohnmächtige, aber keinesfalls belanglose Wirklichkeit erhalten. Nur muß man sich darüber klar sein, daß der Realitätscharakter dieser Wirklichkeit nicht in der Innerlichkeit liegt und auch nicht dem Privaten als solchem entstammt, sondern der Welt, der man eben noch entkam. Man muß wissen, daß man sich ständig auf der Flucht befindet und daß die Flucht die Wirklichkeit ist, in der die Welt sich meldet. So stammt auch die eigentliche Kraft der Weltflucht aus der Verfolgung, und die persönliche Stärke der Fliehenden wächst, je größer die Verfolgung und Gefahr werden.

Dabei darf man aber die Grenze der politischen Bedeutung einer solchen Existenz, selbst wenn sie rein durchgehalten wird, nicht übersehen. Die Grenze liegt darin, daß Kraft und Macht nicht dasselbe sind, daß Macht nur dort ersteht, wo Menschen zusammen handeln, aber nicht, wo Menschen als einzelne stärker werden. Keine Stärke ist je groß genug, um Macht ersetzen zu können; wo Stärke mit Macht konfrontiert ist, wird sie immer erliegen. Aber auch die Kraft, zu fliehen und in der Flucht zu widerstehen, die gerade noch im Bereich dessen liegt, was dem einzelnen in seiner Menschlichkeit möglich ist, kann sich nicht bilden, wo die Wirklichkeit übersprungen oder vergessen wird – sei es, daß man sich selbst für zu gut und edel hält, um mit einer solchen Welt überhaupt konfrontiert zu werden, oder daß man das schlechthin »Negative« der gerade herrschenden Weltumstände nicht aushält. So anziehend es sein mag, solchen Versuchungen nachzugeben und sich in dem Asyl des eigenen Inneren häuslich einzurichten – und wer wäre nicht versucht gewesen, das unter anderem auch unerträglich dumme Geschwätz der Nazis einfach zu überhören? –, das Resultat wird immer sein, daß man die Menschlichkeit mit der Wirklichkeit wie das Kind mit dem Bade ausgeschüttet hat.

So wäre es etwa unter den Verhältnissen des Dritten Reiches im Falle einer Freundschaft zwischen einem Deutschen und einem Juden nicht ein Zeichen der Menschlichkeit gewesen, wenn die Freunde gesagt hätten: Sind wir nicht beide Menschen? Damit wären sie der Wirklichkeit

und der ihnen damals gemeinsamen Welt bloß ausgewi-
chen; sie hätten sich nicht in der Verborgenheit und auf der
Flucht vor ihr gegen sie gestellt. Im Sinne einer Menschlichkeit, welche die Wirklichkeit nicht wie den Boden unter
den Füßen verloren hat, nämlich einer Menschlichkeit inmitten der Wirklichkeit der Verfolgung, hätten sie schon
sagen müssen: ein Deutscher und ein Jude, und Freunde.
Wo immer aber eine solche Freundschaft damals (natürlich
nicht etwa heute!) gelang und in Reinheit, das heißt, ohne
falsche Schuldkomplexe auf der einen und ohne falsche
Überheblichkeit oder Minderwertigkeitskomplexe auf der
anderen Seite durchgehalten wurde, war in der Tat ein
Stück Menschlichkeit in einer unmenschlich gewordenen
Welt verwirklicht worden.

Aus: Hannah Arendt: *Von der Menschlichkeit in finsteren
Zeiten*. Gedanken zu Lessing. Rede zur Verleihung des Lessing-
Preises der Freien und Hansestadt Hamburg 1959. Piper
Verlag, München 1960.

Klaus-Peter Wolf liest
Klaus-Peter Wolf

Lieber Oliver,

ganz herzlichen Dank für deine E-Mail. Ja, das ist wichtig und gern bin ich dabei, auch wenn mich Unsicherheiten plagen.

Ich befinde mich auf einer Tournee, jede Nacht ein anderes Hotel, jeden Abend ein paar hundert Gäste, und natürlich erwarten sie auch von mir, dass ich sie nicht nur gut unterhalte, sondern auch etwas zu der bedrückenden Situation sage.

Ich war auf der Suche, doch ich wurde nicht fündig.

Dann hat mir an einem Abend ein Fan diese Sätze von Ann Kathrin Klaasen aus dem Buch Ostfriesentod *gezeigt und gesagt, das habe ihm sehr geholfen, die Situation aus einer anderen Perspektive zu betrachten. Auf seinen Wunsch hin las ich es an dem Abend für alle vor. Die Reaktionen der Menschen waren erstaunlich. Ann Kathrin Klaasen bekam viel Beifall. Andere hat es nachdenklich gestimmt. Und natürlich kam auch ein »Ja, aber …«*

In meiner augenblicklichen Hilflosigkeit kann ich dir nicht mehr anbieten als diese Sätze von Ann Kathrin Klaasen:

»Wenn dir dein Gott, dein Guru oder dein Staatsoberhaupt befiehlt, zu töten, dann lauf weg!

Dein Gott irrt sich. Dein Guru lügt. Dein Staatsoberhaupt wird bald schon keins mehr sein.«

Hauptkommissarin Ann Kathrin Klaasen, Kripo Aurich

Meine Großeltern hatten während des Terrors der Nazizeit Juden versteckt und haben das auch lange nach dem Krieg noch, aus Angst, alles könne wieder umkippen, verschwiegen. Es war immer so etwas wie ein großes Familiengeheimnis. Als Kind dachte ich, sie hätten während der Nazidiktatur üble Dinge gemacht. Eine Überlebende lernte ich sogar kennen. Für mich war es »Tante Sophie«. Als ich die Wahrheit erfuhr, fragte ich meine Großeltern, warum sie jetzt nicht stolz auf ihre Heldentaten waren. Aber sie trauten der Stabilität der neuen Demokratie nicht und fürchteten, irgendwann zur Rechenschaft gezogen zu werden.

Mit ganz lieben Grüßen, fühl dich herzlich umarmt von

Klaus-Peter

Zitat von Ann Kathrin Klaasen aus: Klaus-Peter Wolf: *Ostfriesentod. Der elfte Fall für Ann Kathrin Klaasen.* Kriminalroman. Fischer Taschenbuch, Frankfurt am Main 2017.

Uljana Wolf liest
Kim Hyesoon

Weiße Nacht

Tag Fünf

Ein Brief wird kommen von dort, wohin du nicht zurückschreiben kannst

Dass du schon lange dort bist
Dass du dich schon verlassen hast

Ein heller Brief wird kommen aus einem Loch, das alles
   über dich weiß

Ein Brief wird kommen, glänzend wie das Gehirn eines
   Toten, das jetzt alles weiß
Ein weiter, breiter Brief, ohne Gestern und Morgen, wie
   die Zeit vor deiner Geburt

Wo Pferdewagen aus Licht leise mit Schellen klingen
Wo Mädchen in Hosen aus Licht kichernd an eine Welt
   ohne Nacht klopfen

Wo die letzte Bahn hoch an die Oberfläche fährt
Wo alle Züge gleichzeitig aufleuchten, dich im Schweigen
   vergessen

Wo du nicht hinkommst, weil dir dafür die Beine fehlen
Wo die Kinder deiner Kindheit schon angekommen sind
Wohin du nie zurückschreiben kannst mit deiner schwar-
    zen Schrift
Ein Brief wird kommen von dort, diesem hellen Loch

Wo deine Kinder schon vor dir alt geworden
Eingewandert in den Kreis der Wiedergeburten

Ein Brief wird kommen von dort, in heller, heller Tinte
    geschrieben

Wo keine Finsternis seit der Geburt
Wo ein Neugeborenes jetzt das gleißende erste Licht
    schaut

Ein Brief wird kommen von dort, ein großer, großer Brief

Aus dem Koreanischen von Sool Park und Uljana Wolf

Aus: Kim Hyesoon: *Autobiografie des Todes. Gedichte.*
Unveröffentlichtes Übersetzungsmanuskript.
Kim Hyesoon: 죽음의 자서전. Munhaksilheomsil, Seoul 2016.

Mehrdad Zaeri liest
Henry David Thoreau

Ich zog in den Wald, weil ich den Wunsch hatte, mit Über-
legung zu leben, dem eigentlichen, wirklichen Leben nä-
herzutreten, zu sehen, ob ich nicht lernen konnte, was
es zu lehren hatte, damit ich nicht, wenn es zum Sterben
ginge, einsehen müßte, daß ich nicht gelebt hatte.

Aus: Henry D. Thoreau: *Walden oder Leben in den Wäldern.*
Aus dem Amerikanischen von Emma Emmerich und Tatjana
Fischer. Diogenes, Zürich 1979.

Wir danken für die Lektüreempfehlungen

Ramy Al-Asheq ist ein syrisch-palästinensischer Dichter, Journalist, Kurator. Er hat fünf Gedichtbände auf Arabisch veröffentlicht. Seine Texte wurden ins Bosnische, Deutsche, Englische, Französische, Kurdische und Spanische übersetzt. 2014: Stipendium Heinrich-Böll-Haus Langenbroich. 2015: Literaturpreis Al-Qattan-Stiftung, Ramallah. 2017: Launch des deutsch-arabischen Kulturmagazins *FANN*. 2018: Kurator am Literaturhaus Berlin, Mitgründer der Arabisch-deutschen Literaturtage Berlin, Stipendien Künstlerhaus Lukas (Arenshoop) und Künstlerdorf Schöppingen.

Khalid Al-Maaly wurde 1956 im Irak geboren. 1979 flieht er nach der Machtübernahme Saddam Husseins aus dem Irak. Zunächst reist er in den Libanon und nach Frankreich, 1980 schließlich nach Köln. 1983 wird Al-Maaly in Deutschland als politischer Flüchtling anerkannt und erhält 1996 die deutsche Staatsbürgerschaft. Er lebte einige Jahre in Köln und gründete dort die arabische Literaturzeitschrift *Unyoun* sowie den Al-Kamel Verlag für Publikationen in arabischer Sprache, den er bis heute leitet. Nebenbei arbeitet Al-Maaly als Übersetzer und überträgt beispielsweise die Werke Gottfried Benns ins Arabische. Seit den siebziger Jahren veröffentlicht Al-Maaly Gedichte, zunächst in arabischer Sprache, mittlerweile auch auf Deutsch. Heute ist Khalid Al-Maaly Mitglied des Verbandes Deutscher Schriftsteller und lebt in Beirut. 2021 wurde er von der Deutschen Akademie für Sprache und Dichtung mit dem Friedrich-Gundolf-Preis ausgezeichnet.

Luna Ali, geboren 1993 in Syrien, studierte Kulturwissenschaften und ästhetische Praxis in Hildesheim, Literarisches Schreiben am Deutschen Literaturinstitut und Anthropologie an der Universität Leipzig. Sie arbeitete als Autorin u. a. an Produktionen an den Schauspielhäusern Düsseldorf, Dortmund, Hannover sowie in Berlin. 2023 erhielt sie das Arbeitsstipendium für deutschsprachige Literatur der Berliner Senatsverwaltung. Sie lebt mit ihren fünf Mitbewohner*innen in Berlin. Im März 2024 erscheint ihr Debütroman *Da waren Tage.*

Götz Aly ist Historiker und Journalist. Er arbeitete für die *taz,* die *Berliner Zeitung* und als Gastprofessor. Seine Bücher werden in viele Sprachen übersetzt. 2002 erhielt er den Heinrich-Mann-Preis, 2003 den Marion-Samuel-Preis, 2012 den Ludwig-Börne-Preis. Bei S. Fischer erschienen von ihm u. a. 2011 *Warum die Deutschen? Warum die Juden? Gleichheit, Neid und Rassenhass 1800–1933* sowie 2013 *Die Belasteten. »Euthanasie« 1939–1945. Eine Gesellschaftsgeschichte.* Im Februar 2017 erschien seine große Studie über die europäische Geschichte von Antisemitismus und Holocaust *Europa gegen die Juden 1880–1945.* Für dieses Buch erhielt er 2018 den Geschwister-Scholl-Preis.

Carolin Amlinger, geboren 1984, ist Literatursoziologin und wissenschaftliche Mitarbeiterin am Departement Sprach- und Literaturwissenschaften der Universität

Basel. Zuletzt erschienen *Schreiben. Eine Soziologie literarischer Arbeit* (2021) und zusammen mit Oliver Nachtwey *Gekränkte Freiheit. Aspekte des libertären Autoritarismus* (2022).

Zsuzsa Bánk, geboren 1965, arbeitete als Buchhändlerin und studierte anschließend in Mainz und Washington Publizistik, Politikwissenschaft und Literatur. Heute lebt sie als Autorin in Frankfurt am Main. Für ihren ersten Roman *Der Schwimmer* wurde sie mit dem »aspekte«-Literaturpreis, dem Deutschen Bücherpreis, dem Jürgen-Ponto-Preis, dem Mara-Cassens-Preis sowie dem Adelbert-von-Chamisso-Preis ausgezeichnet. Für *Unter Hunden* aus ihrem Erzählungsband *Heißester Sommer* erhielt sie den Bettina-von-Arnim-Preis. Auch ihre Romane *Die hellen Tage* und *Schlafen werden wir später* wurden große Erfolge. Zuletzt erschien *Sterben im Sommer*.

Anne Birkenhauer, geboren 1961 in Essen, aufgewachsen in Tübingen, studierte in Berlin Judaistik und Germanistik und lebt seit 1989 als literarische Übersetzerin in Jerusalem. Sie wurde mit mehreren Preisen ausgezeichnet; 1918 erhielt sie den Verdienstorden der Bundesrepublik Deutschland.

Omri Boehm, geboren 1979, ist Associate Professor für Philosophie und Chair of the Philosophy Department an der New School for Social Research in New York. Er ist israelischer und deutscher Staatsbürger, hat u. a. in München und Berlin geforscht. Sein Buch *Kant's Critique of Spinoza* erschien 2014 bei Oxford University

Press. Er schreibt unter anderem über Israel, Politik und Philosophie in *Haaretz*, *ZEIT* und *The New York Times*. Zuletzt erschienen seine von der Kritik hochgelobten Bücher *Israel – eine Utopie* und *Radikaler Universalismus*.

Mathias Bothor, 1962 in Berlin geboren, machte sich 1992 als freier Fotograf selbständig. Heute ist er einer der gefragtesten Porträtfotografen; seine Arbeiten wurden bereits mehrfach ausgestellt. Mathias Bothor lebt mit seiner Familie in Berlin und arbeitet überall.

Ingo Bott, geboren 1983 in Rastatt, ist Strafverteidiger. Die *WirtschaftsWoche* listet Ingo Bott als einen der renommiertesten Anwälte im Wirtschaftsstrafrecht und die von ihm gegründete Einheit als Top Kanzlei in den Bereichen Wirtschaftsstrafrecht und Compliance. Ingo Bott hat den Europarat in Strafrechtsfragen vertreten und hält Vorträge im In- und Ausland. Darüber hinaus ist er erfolgreich als Buchautor tätig.

Marion Brasch wurde 1961 in Berlin geboren. Nach dem Abitur arbeitete die gelernte Schriftsetzerin in einer Druckerei, bei verschiedenen Verlagen und beim Komponistenverband der DDR, später fürs Radio. Bei S. Fischer erschienen die Romane *Ab jetzt ist Ruhe*, *Wunderlich fährt nach Norden* und zuletzt *Lieber woanders*.

Alice Brauner, geboren 1966, ist Journalistin, Historikerin und Filmproduzentin. 1999 promovierte sie am Zentrum für Antisemitismusforschung an der TU Berlin. Sie war Mitarbeiterin in Steven Spielbergs Stiftung Survivors of the Shoah Visual History Foundation, für die sie auch ihre Mutter interviewte. 2006 stieg sie in die CCC Filmkunst ihres Vaters ein, die sie seit 2019 leitet. Sie produzierte u. a. *Wunderkinder* und *CRESCENDO #makemusicnotwar*. Für ihre große Familienbiographie *»Also dann in Berlin ...« Artur und Maria Brauner – Eine Geschichte vom Überleben, von großem Kino und der Macht der Liebe* griff sie nicht nur auf die eigenen Erinnerungen zurück – eine wichtige Quelle ist auch das umfassende Tagebuch ihres Großvaters. Hinzu kommen etliche weitere private Dokumente, aber auch die einschlägigen Quellen über die Geschichte des Holocaust und den Nationalsozialismus. Sie lebt in Berlin und München. Alice Brauner spendet ihre sämtlichen Erlöse aus der Publikation an Yad Vashem sowie an das DFF Deutsche Filminstitut & Filmmuseum e. V., Frankfurt am Main, in dem sich das Artur-Brauner-Archiv befindet.

Yevgeniy Breyger, geboren 1989, studierte an der Universität Hildesheim, am Deutschen Literaturinstitut Leipzig und an der Hochschule für Bildende Künste Städelschule in Frankfurt am Main. 2016 erschien sein Debütband *flüchtige monde.* 2019 gewann er den Leonce-und-Lena-Preis der Stadt Darmstadt. Sein zweiter Gedichtband *Gestohlene Luft* ist 2020 bei kookbooks erschienen und wurde durch Stipendien des Deutschen Literaturfonds und des Herrenhauses Edenkoben gefördert. Er gewann den Lyrikpreis München 2021 und erhielt 2022 ein Stipendium der Deutschen Akademie Rom, Villa Massimo – Casa Baldi. Im Frühling 2023 erschien sein jüngster Band *Frieden ohne Krieg.* Yevgeniy Breyger lebt und arbeitet in Frankfurt am Main.

Katja Brunner, geboren 1991 in Zürich, studierte Literarisches Schreiben am Literaturinstitut Biel/Bienne sowie Szenisches Schreiben an der Universität der Künste Berlin. 2010 entstand ihr Stück *von den beinen zu kurz,* mit dem sie 2013 den Mühlheimer Dramatikerpreis gewann. Im selben Jahr wurde sie mit *die hölle ist auch nur eine sauna* zum Heidelberger Stückemarkt eingeladen und in der Kritikerumfrage von *Theater heute* zur Nachwuchsautorin des Jahres gewählt. 2014/15 war sie Hausautorin am Theater Luzern, 2015 Stipendiatin am Literarischen Colloquium Berlin, 2016 erhielt sie ein Werkjahr der Stadt Zürich für das Schreiben von Prosa, 2018 bekam sie den Förderpreis des Kulturpreises des Regierungsrates Zürich verliehen. Ihre Stücke wurden u. a. am Schauspielhaus Zürich, Schauspiel Köln, Schauspiel Leipzig, Theater St. Gallen und der Volksbühne Berlin uraufgeführt. 2021 kam das Projekt *Jeder Tag ein Vollmond* in ihrer Regie am Schauspielhaus Bochum zur Uraufführung. Im Wintersemester 2020/21 unterrichtete sie als Gastprofessorin am Deutschen Literaturinstitut Leipzig, außerdem doziert sie am Bieler Literaturinstitut. Sie arbeitet mit dem Theaterautorinnenkollektiv »Institut für chauvinistische Weiterbildung«, schreibt Essays für Zeitungen und tritt als Loretta Shapiro auf diversen Festivals und Theatern mit Sophie Aeberli auf. Im Frühjahr 2022 wurden gleich zwei Brunner-Stücke uraufgeführt: *Die Kunst der Wunde* am Schauspiel Leipzig und die Shakespeare-Überschreibung *Richard Drei* am Schauspiel Köln.

Nuran David Calis wurde 1976 als Sohn armenisch-jüdischer Einwanderer aus der Türkei in Bielefeld geboren. Er arbeitete als Türsteher, studierte Regie an der

Otto-Falckenberg-Schule in München und produzierte Musikclips für HipHop-Bands. Er arbeitet als Regisseur, Theater- und Drehbuchautor. Für seine Werke und Inszenierungen wurde er mit zahlreichen Preisen ausgezeichnet, unter anderem 2006 mit dem Bayerischen Kunstförderpreis in der Sparte Literatur, 2014 mit dem Stipendium der Kulturakademie Tarabya. 2008 kam sein erster Spielfilm, *Meine Mutter, mein Bruder und ich*, in die Kinos, 2010 verfilmte er für das ZDF Frank Wedekinds *Frühlings Erwachen* und 2012 Georg Büchners *Woyzeck*. 2011 erschien sein Debütroman *Der Mond ist unsere Sonne*. Nuran David Calis lebt in München.

Claudia Dathe, 1971 geboren, studierte Übersetzungswissenschaft (Russisch, Polnisch) und Betriebswirtschaftslehre in Leipzig, Pjatigorsk (Russland) und Krakau. Von 1997 bis 2004 arbeitete sie als DAAD-Lektorin in Kasachstan und der Ukraine. Nach ihrer Rückkehr war sie als freiberufliche Übersetzerin für Ukrainisch und Russisch tätig und führte Seminare für Nachwuchsübersetzer durch. Von 2009 bis 2020 arbeitete sie als Koordinatorin für Projekte zum literarischen Übersetzen und zur Kulturvermittlung am Slavischen Seminar der Universität Tübingen. Sie kuratiert internationale Kulturprojekte, leitet Übersetzerwerkstätten und übersetzt Literatur aus dem Russischen und Ukrainischen, u. a. von Andrej Kurkow, Serhij Zhadan, Ostap Slyvynskyj und Yevgenia Belorusets. 2020 wurde sie zusammen mit Yevgenia Belorusets für den Roman *Glückliche Fälle* mit dem Internationalen Literaturpreis ausgezeichnet, für ihre Übersetzungen aus dem Ukrainischen erhielt sie 2021 den Drahomán-Preis. Seit Mai 2021 koordiniert sie das Forschungsverbundprojekt »European Times« an der Fakultät Kulturwissenschaften der Europauniversität Viadrina.

Uwe Dathe, 2000 bis 2005 DAAD-Lektor in Kyjiw, seitdem wissenschaftlicher Mitarbeiter an der Thüringer Universitäts- und Landesbibliothek Jena.

Roman Ehrlich, geboren 1983 in Aichach, aufgewachsen in Neuburg an der Donau, studierte am Deutschen Literaturinstitut Leipzig und an der Freien Universität Berlin. Bislang sind von ihm die Bücher *Das kalte Jahr* (2013), *Urwaldgäste* (2014), *Das Theater des Krieges* (2017, mit Michael Disqué) und *Die fürchterlichen Tage des schrecklichen Grauens* (2017) erschienen.

Raquel Erdtmann studierte Schauspiel an der Hochschule für Musik und darstellende Kunst in Frankfurt am Main. Seit Ende des Studiums arbeitet sie als freie Schauspielerin, Autorin und Illustratorin. Für die *Frankfurter Allgemeine Zeitung* verfasst sie regelmäßig Kolumnen über spektakuläre Gerichtsfälle. 2019 erschien ihr Buch »*Und ich würde es wieder tun*«. *Wahre Fälle vor Gericht.*

Jan Faktor, 1951 in Prag geboren, 1978 Übersiedlung nach Ostberlin. Arbeit als Kindergärtner und Schlosser. Entdeckt in den 80er-Jahren das »Rückläufige Wörterbuch der deutschen Gegenwartssprache« für die experimentelle Dichtung. Bis 1989 fast ausschließlich in der inoffiziellen Literaturszene engagiert. 1989/90 Mitbegründer der Zeitung des *Neuen Forums*. Sein Roman *Georgs Sorgen um die Vergangenheit oder Im Reich des heiligen Hodensack-Bimbams von Prag* wurde 2010 für den

Preis der Leipziger Buchmesse nominiert und gelangte auf die Shortlist des Deutschen Buchpreises. Zwölf Jahre später erreichte er 2022 mit *Trottel* erneut die Shortlist des Deutschen Buchpreises. Außerdem erhielt er dafür den Wilhelm-Raabe-Literaturpreis.

Julia Franck wurde 1970 in Berlin geboren. Sie studierte Altamerikanistik, Philosophie und Neuere Deutsche Literatur an der FU Berlin. 1997 erschien ihr Debüt *Der neue Koch*, danach *Liebediener* (1999), *Bauchlandung. Geschichten zum Anfassen* (2000) und *Lagerfeuer* (2003). Sie verbrachte das Jahr 2005 in der Villa Massimo in Rom. Für ihren Roman *Die Mittagsfrau* erhielt Julia Franck den Deutschen Buchpreis 2007. Der Roman wurde in 40 Sprachen übersetzt und kam 2023 als Film in die Kinos. Nach *Rücken an Rücken* (2011) erschien zuletzt *Welten auseinander* (Platz 1 der SWR-Bestenliste). Für ihr Werk wurde sie 2022 mit dem Schiller-Gedächtnis-Preis ausgezeichnet.

Franz Friedrich, geboren 1983, studierte Experimentalfilm an der Universität der Künste Berlin und in Leipzig am Deutschen Literaturinstitut. Mit seinem Debüt *Die Meisen von Uusimaa singen nicht mehr* (2014) wurde er mit dem Literaturpreis der Jürgen Ponto-Stiftung ausgezeichnet und war für den Deutschen Buchpreis nominiert. Im Frühjahr 2024 erscheint sein zweiter Roman *Die Passagierin*. Franz Friedrich lebt in Berlin.

Tomer Gardi, geboren 1974 im Kibbuz Dan in Galiläa, lebt in Berlin. Er studierte Literatur und Erziehungswissenschaft in Tel Aviv und Berlin. Gardis literarischer Essay

Stein, Papier wurde 2011 veröffentlicht (dt. 2013). 2016 erschien sein Debütroman *Broken German* bei Droschl. 2019 erhält Tomer Gardi mit seinem zweiten Roman *Sonst kriegen Sie Ihr Geld zurück* das Alfred-Döblin-Stipendium. Für seinen Roman *Eine runde Sache* erhält er 2020 ein Werkstipendium des Deutschen Literaturfonds und 2021 ein Arbeitsstipendium des Berliner Senats für Literatur in nichtdeutscher Sprache. Mit seinem Roman *Eine runde Sache* hat Tomer Gardi den Preis der Leipziger Buchmesse 2022 gewonnen.

Charlotte Gneuß, 1992 in Ludwigsburg geboren, studierte Soziale Arbeit in Dresden, literarisches Schreiben in Leipzig und szenisches Schreiben in Berlin. Sie veröffentlicht in Literaturmagazinen, ist Gastautorin von *ZEIT Online*, war u. a. bei Textwerkstätten der Jürgen Ponto-Stiftung und der Kölner Schmiede geladen, ist Gewinnerin des Leonhard-Frank-Stipendiums für neue Dramatik und Herausgeberin der Anthologie *Glückwunsch*, die bei Hanser Berlin erschien. Immer wieder nähert sich Gneuß schreibend der DDR, der Realität und der Utopie, in der ihre Eltern aufwuchsen und die es heute nicht mehr gibt. Ihr Debütroman *Gittersee* stand auf der Longlist für den Deutschen Buchpreis 2023 und wurde mit dem »aspekte«-Literaturpreis sowie dem Literaturpreis der Jürgen Ponto-Stiftung 2023 ausgezeichnet. 2024 wird sie Dresdner Stadtschreiberin.

Valeria Gordeev wurde 1986 in Tübingen geboren. Die Autorin und Illustratorin arbeitet gegenwärtig an ihrem Debütroman *Die Zikade entschlüpft ihrer goldglänzenden Hülle*. Für ihre schriftstellerische Arbeit erhielt sie verschiedene Auszeichnungen, u. a. den Ingeborg-Bachmann-Preis (2023), den 1. Preis der Floriana Biennale für Literatur (2022), eine Nominierung für den Alfred-Döblin-Preis der Akademie der Künste Berlin (2021), das Alfred-Döblin-Stipendium der Akademie der Künste (2020), ein Literaturstipendium des Landes Baden-Württemberg (2020), ein Stipendium des Landes Brandenburg (2020), ein Recherchestipendium im Rahmen des Grenzgänger-Programms der Robert-Bosch-Stiftung (2020). Veröffentlichungen in verschiedenen literarischen Zeitschriften, zuletzt im Literaturmagazin *schliff* der *edition text + kritik* (Nr. 11, Ausgabe Utopie). Zeichnungen und Illustrationen zu literarischen Werken sind im Guggolz Verlag erschienen. In Zusammenarbeit mit dem Autor Franz Friedrich verfasste sie Liedtexte für die Filme des Regisseurs Max Linz. Gordeev lebt und arbeitet in Berlin.

Lena Gorelik, 1981 in St. Petersburg geboren, kam 1992 mit ihren Eltern nach Deutschland. Ihr Roman *Hochzeit in Jerusalem* (2007) war für den Deutschen Buchpreis nominiert, der vielgelobte Roman *Mehr Schwarz als Lila* (2017) für den Deutschen Jugendbuchpreis. Zuletzt erschien der Roman *Wer wir sind* (2021). Regelmäßig schreibt Lena Gorelik Beiträge zu gesellschaftlichen Themen, u. a. für die *Süddeutsche Zeitung* oder *ZEIT*. Sie lebt in München.

Joshua Groß, 1989 in Grünsberg geboren, studierte Politikwissenschaft, Ökonomie und Ethik der Textkulturen. Er wurde mehrfach ausgezeichnet, zuletzt mit dem Anna Seghers-Preis 2019, dem Hölderlin Förderpreis

2021, dem Literaturpreis der A und A Kulturstiftung 2021 sowie mit einem Aufenthaltsstipendium des Literarischen Colloquium Berlin 2021. Zuletzt erschienen die Romane *Prana Extrem*, nominiert für den Preis der Leipziger Buchmesse 2023, *Flexen in Miami* (2020) und *Entkommen* (2021).

Durs Grünbein, geboren 1962 in Dresden, ist einer der bedeutendsten und auch international wirkmächtigsten deutschen Dichter und Essayisten. Nach der Öffnung des Eisernen Vorhangs führten ihn Reisen durch Europa, nach Südostasien und in die Vereinigten Staaten. Er war Gast des German Department der New York University und der Villa Aurora in Los Angeles. Für sein Werk erhielt er eine Vielzahl von Preisen, darunter den Georg-Büchner-Preis, den Friedrich-Nietzsche-Preis, den Friedrich-Hölderlin-Preis, den polnischen Zbigniew Herbert International Literary Award sowie den Premio Internazionale NordSud der Fondazione Pescarabruzzo. Seine Bücher wurden in mehrere Sprachen übersetzt. Zuletzt erschien *Der Komet. Ein Bericht* (2023). Er lebt in Berlin und Rom.

Katharina Hacker, geboren 1967 in Frankfurt am Main, lebt nach mehrjährigem Aufenthalt in Israel als freie Autorin mit ihrer Familie in Berlin und Brandenburg. 2006 erhielt sie den Deutschen Buchpreis für *Die Habenichtse*. 2015 erschien ihr Roman *Skip* und 2021 das Jugendbuch *Alles, was passieren wird*. Katharina Hacker wurde 2021 mit dem Droste-Preis der Stadt Meersburg ausgezeichnet. Zuletzt erschien ihr Roman *Die Gäste* (2022).

Ernst-Wilhelm Händler, 1953 geboren, lebt in Regensburg und München. Er ist Autor der Romane *Der absolute Feind, Das Geld spricht, München, Der Überlebende, Welt aus Glas, Die Frau des Schriftstellers, Wenn wir sterben, Sturm, Fall* und *Kongress* sowie des Erzählungsbandes *Stadt mit Häusern.* Mit *Versuch über den Roman als Erkenntnisinstrument* und *Die Produktion von Gesellschaft* hat Ernst-Wilhelm Händler eigene Kulturtheorien vorgelegt. Darüber hinaus schreibt er Essays über ökonomische, gesellschaftliche und künstlerische Themen. Für seine von der Kritik hochgelobten Romane erhielt er den Erik-Reger-Preis, den Preis der SWR-Bestenliste, den Kulturpreis der Stadt Regensburg und den Hans-Erich-Nossack-Preis.

Petra Hardt wurde 1954 in Frankfurt am Main geboren. Nach dem Studium der Romanistik in Paris und Freiburg arbeitete sie 40 Jahre lang als Rechte- und Lizenzhändlerin in deutschen Verlagen. Sie hat zum internationalen Buchhandel publiziert und als Dozentin an verschiedenen Universitäten, auch im Ausland, unterrichtet. Seit 2019 ist Petra Hardt freie Autorin und als Beraterin im internationalen Verlagsgeschäft tätig. Ihr literarisches Debüt *Fernlieben* erschien 2021 und wurde bereits ins Englische, ins Griechische und ins Arabische übersetzt. 2022 hat sie zusammen mit Thomas Sparr die deutsch-arabische Anthologie *Herzzeit. Fünfzig Liebesgedichte aus der neuen deutschen Lyrik* herausgegeben.

Hadija Haruna-Oelker, geboren 1980, Politikwissenschaftlerin, lebt und arbeitet als Autorin, Redakteurin und Moderatorin in Frankfurt am Main. Hauptsächlich arbeitet sie für den Hessischen Rundfunk – unter anderem für die Sendung *Der Tag* (hr2 Kultur). Zudem moderiert sie das regelmäßige Format *StreitBar* in der Bildungsstätte Anne Frank in Frankfurt und schreibt eine monatliche Kolumne in der *Frankfurter Rundschau*. Ihre Arbeitsschwerpunkte sind Jugend und Soziales, Migration und Rassismusforschung. Sie ist Preisträgerin des vom Bundesministerium für Bildung und Forschung gestifteten KAUSA Medienpreises 2012 und des ARDHörfunkpreises Kurt Magnus 2015. Sie hat gemeinsam mit Kübra Gümüşay und Uda Strätling *The Hill We Climb* von Amanda Gorman übersetzt. Darüber hinaus ist sie im Journalist*innenverband Neue Deutsche Medienmacher*innen und in der Initiative Schwarze Menschen in Deutschland aktiv. Ihr Buch *Die Schönheit der Differenz. Miteinander anders denken* war für den Preis der Leipziger Buchmesse 2022 in der Sparte Sachbuch nominiert.

Josef Haslinger, 1955 in Zwettl/Niederösterreich geboren, lebt in Wien. Von 1996 bis 2021 lehrte Haslinger als Professor für literarische Ästhetik am Deutschen Literaturinstitut Leipzig. 1995 erschien sein Roman *Opernball*, 2000 *Das Vaterspiel*, 2006 *Zugvögel*, 2007 *Phi Phi Island*. 2021 *Jáchymov* und zuletzt 2020 *Mein Fall*. Haslinger erhielt zahlreiche Preise, zuletzt den Preis der Stadt Wien, den Ehrenpreis des österreichischen Buchhandels und den Rheingau Literatur Preis. 2010 war er Mainzer Stadtschreiber.

Thomas Hauschild, 1955 in Berlin geboren, wurde 1979 im Fach Kultur- und Sozialanthropologie in Hamburg promoviert und arbeitete von 1992 bis zu seiner Pensionierung im Jahre 2016 als Professor für Kultur- und Sozialanthropologie und vergleichende Kultursoziologie an den Universitäten Heidelberg, Tübingen und Halle (Saale). Hauschild ist Mitglied der Heidelberger Akademie der Wissenschaften. Er nahm Fellowships und Gastprofessuren an zahlreichen Universitäten des In- und Auslandes wahr, unter anderem: Universität »La Sapienza«, Rom; Internationales Forschungszentrum Kulturwissenschaften in Wien; Wissenschaftskolleg zu Berlin; Exzellenzcluster »Religion und Politik« der Universität Münster (Hans-Blumenberg-Professur). Zuletzt erschienen *Ritual und Gewalt* (2008) und *Weihnachtsmann. Die wahre Geschichte* (2012, überarbeitete Taschenbuchausgabe 2016).

Sandra Hetzl, geboren 1980 in München, übersetzt, schreibt und kuratiert Literaturveranstaltungen. Zuletzt erschien die von ihr mitherausgegebene Anthologie *In der Zukunft schwelgen* (2022) mit literarischen Essays über Würde und Gerechtigkeit aus Nahost und Nordafrika sowie – in ihrer und Kerstin Wilschs Übersetzung – der Sammelband *Gedichte aus Guantánamo* (2022). Zudem hat Hetzl Erzähl- und Lyrikbände und Sachbücher von Rasha Abbas, Kadhem Khanjar, Aref Hamza, Bushra al-Maktari, Aboud Saeed, Assaf Alassaf und Raif Badawi aus dem Arabischen übersetzt sowie über 25 Theaterstücke. Sie ist Gründerin des Agenturkollektivs teneleven.org und des Literaturfestivals Downtown Spandau Medina.

Felicitas Hoppe, geb. 1960 in Hameln, lebt als Schriftstellerin in Berlin. 1996 erschien ihr Debüt *Picknick der Fri-*

seure, 1999 folgte der Roman *Pigafetta*. Anschließend erschienen *Paradiese, Übersee, Verbrecher und Versager, Johanna, Iwein Löwenritter, Sieben Schätze, Der beste Platz der Welt, Abenteuer – was ist das?* und *Grünes Ei mit Speck*, eine Übersetzung von Texten des amerikanischen Kinderbuchklassikerautors Dr. Seuss. Es folgten die Romane *Hoppe, Prawda. Eine amerikanische Reise, Die Nibelungen. Ein deutscher Stummfilm* sowie der Essay *Gedankenspiele über die Sehnsucht*. Für ihr Werk wurde Felicitas Hoppe mit zahlreichen Preisen ausgezeichnet, u. a. mit dem »aspekte«-Literaturpreis, dem Bremer Literaturpreis, dem Roswitha-Preis der Stadt Bad Gandersheim, dem Rattenfänger-Literaturpreis, dem Georg-Büchner-Preis, dem Erich Kästner Preis für Literatur sowie dem Großen Preis des Deutschen Literaturfonds. Außerdem Poetikdozenturen und Gastprofessuren in Wiesbaden, Mainz, Augsburg, Göttingen, am Dartmouth College in Hanover, New Hampshire, an der Georgetown University, Washington D. C., in Hamburg, Heidelberg und Köln.

Florian Illies, geboren 1971, studierte Kunstgeschichte in Bonn und Oxford. Er war Feuilletonchef der *Frankfurter Allgemeinen Sonntagszeitung*, leitete das Auktionshaus Grisebach und ist jetzt Mitherausgeber der *ZEIT*. Bei S. Fischer erschienen u. a. *1913. Der Sommer des Jahrhunderts, Liebe in Zeiten des Hasses* und *Zauber der Stille. Caspar David Friedrichs Reise durch die Zeiten*. Sein Kunst-Podcast *Augen zu* (gemeinsam mit Giovanni di Lorenzo) gehört zu den meistgehörten Podcasts deutscher Sprache.

Reinhard Kaiser-Mühlecker wurde 1982 in Kirchdorf an der Krems geboren und wuchs in Eberstalzell, Oberösterreich, auf. Er studierte in Wien und betreibt eine Landwirtschaft. »Ich sehe es als eine Art Verpflichtung an, die Welt, die ich kenne, erfahrbar zu machen – einem, der sie nicht kennt.« Sein Debütroman *Der lange Gang über die Stationen* erschien 2008, anschließend die Romane *Magdalenaberg, Wiedersehen in Fiumicino, Roter Flieder, Schwarzer Flieder* sowie *Zeichnungen. Drei Erzählungen.* Der Roman *Fremde Seele, dunkler Wald* stand 2016 auf der Shortlist des Deutschen Buchpreises. 2019 erschien der Roman *Enteignung.* Für sein Werk wurde Reinhard Kaiser-Mühlecker mit zahlreichen Preisen ausgezeichnet. Im Frühjahr 2022 erschien Reinhard Kaiser-Mühleckers Roman *Wilderer*, der für den Deutschen Buchpreis und den Österreichischen Buchpreis nominiert war und mit dem Bayerischen Buchpreis 2022 ausgezeichnet wurde.

Margot Käßmann, Jahrgang 1958, ist eine der bekanntesten kirchlichen Persönlichkeiten Deutschlands. In und nach ihrer Zeit als hannoversche Landesbischöfin und Ratsvorsitzende der Evangelischen Kirche in Deutschland gewann sie mit ihrer offenen und geradlinigen Art die Wertschätzung und Sympathien vieler Menschen. Sie ist Mutter von vier erwachsenen Töchtern und Großmutter von sieben Enkelkindern.

Lothar Kittstein, 1970 in Trier geboren, seit 2005 als überregional beachteter Theaterautor tätig. Seine Stücke wurden an vielen großen deutschen Bühnen gespielt: Residenztheater München, Schauspiel Köln, Berliner Ensemble, Kammerspiele München, Theater Bonn, Schauspiel Frankfurt. Das Nationaltheater Weimar hat Kittstein für die Spielzeit 21/22 mit einem großen, zweiteiligen Theaterstück über das Leben Samuel Meffires beauftragt. Lothar Kittstein ist außerdem als promovierter Historiker bestens mit der wechselhaften deutsch-deutschen Geschichte vertraut und beherrscht es, auch komplexe Zusammenhänge anschaulich und packend darzustellen.

Miku Sophie Kühmel wurde 1992 in Gotha geboren. Sie hat Literatur- und Medienwissenschaften studiert – kurz in New York und länger in Berlin, wo sie heute lebt und arbeitet. Sie ist freie Schriftstellerin und produziert verschiedene Podcast-Formate. Nach Veröffentlichungen in Anthologien und Zeitschriften erschien 2019 ihr Debütroman *Kintsugi*, für den sie mit dem Literaturpreis der Jürgen Ponto-Stiftung 2019 und dem »aspekte«-Literaturpreis 2019 ausgezeichnet wurde. Sie erhielt u. a. Stipendien des Alfred Döblin-Hauses der Berliner Akademie der Künste, des Künstlerhofes Schreyahn und der Stadt Gotha. 2022 erschien ihr zweiter Roman *Triskele*, mit dem Miku Sophie Kühmel für den Clemens-Brentano-Preis 2023 nominiert war.

Yves Kugelmann, geboren 1971, ist Journalist und Publizist. Er war Chefredaktor bei der *Jüdischen Rundschau* und bei *JM Jüdische Medien AG*. Der Basler ist weltweit für die Rechte von Anne Franks Tagebuch verantwortlich, leitet den Zürcher Verlag Jüdische Medien und die Zeitschriften *Tachles*, *Aufbau* und *Revue Juive*. 2010 gründete er die Stiftung für Gesellschaft, Kultur und Presse, Schweiz, deren Stiftungsrat er präsidiert.

Irmela von der Lühe ist Professorin (a. D.) für Neuere Deutsche Literatur an der FU Berlin und seit Oktober 2013 Senior Professorin am Selma Stern Zentrum für Jüdische Studien Berlin-Brandenburg. Ihre Forschungsschwerpunkte liegen im Bereich der deutsch-jüdischen Literatur- und Kulturgeschichte, der Literatur des Exils und der Shoah sowie der Literaturgeschichte weiblicher Autorschaft und der Thomas Mann-Familie.

Paul Maar ist einer der beliebtesten und erfolgreichsten deutschen Kinder- und Jugendbuchautoren. Er wurde 1937 in Schweinfurt geboren, studierte Malerei und Kunstgeschichte und war einige Jahre als Lehrer und Kunsterzieher an einem Gymnasium tätig, bevor er sich als freier Autor und Illustrator ganz auf seine künstlerische Arbeit konzentrierte. Bei S. Fischer erschienen *Wie alles kam. Roman meiner Kindheit* und *Ein Hund mit Flügeln. Erfundenes und Erlebtes*. Paul Maars Werk wurde vielfach gewürdigt, unter anderem mit dem E. T. A.-Hoffmann-Preis und dem Friedrich-Rückert-Preis. Etliche Schulen tragen seinen Namen.

Olga Martynova, geboren 1962 in Sibirien, aufgewachsen in Leningrad, wo sie in den 1980er-Jahren die Dichtergruppe »Kamera Chranenia« mitbegründete. 1991 zog sie zusammen mit Oleg Jurjew (1959–2018) nach Deutschland. Von 1999 an schrieb sie literarische Texte auf Russisch und Deutsch. Seit 2018 schreibt sie nur noch in deutscher Sprache. Olga Martynova ist Mitglied des PEN und der Deutschen Akademie für Sprache und Dichtung sowie der Akademie der Wissenschaften und der Literatur (Mainz). Sie erhielt u. a. den Inge-

borg-Bachmann-Preis (2012) und den Berliner Literaturpreis (2015). Zuletzt erschienen bei S. Fischer: *Der En-
gelherd*, Roman (2016), *Über die Dummheit der Stunde*,
Essays (2018), sowie *Gespräch über die Trauer* (2023).

Aiman Mazyek, geboren 1969 in Aachen; Studium der
Arabistik in Kairo und der Politischen Wissenschaften in
Aachen. Seit 1994 Mitglied im Zentralrat der Muslime
in Deutschland (ZMD) und seit 2010 dessen Vorsitzender. 2003 Gründer der Hilfsorganisation »Grünhelme
e. V.« (mit Rupert Neudeck). Mitglied der Christlich-Is-
lamischen Gesellschaft. Verschiedene politische und
journalistische Tätigkeiten, zuletzt erschien das Buch:
Was machen Muslime an Weihnachten? Mitglied in der
staatlichen »Deutschen Islamkonferenz«.

Meron Mendel, geboren 1976 in Ramat Gan im Bezirk
Tel Aviv, wuchs in einem Kibbuz auf, studierte in Haifa
und in München Pädagodik und Jüdische Geschichte,
promovierte in Frankfurt und ist heute Professor für Soziale Arbeit und Leiter der Bildungsstätte Anne Frank.
Zuletzt erschien sein Buch *Über Israel reden. Eine deutsche Debatte*, das auf der Shortlist des Deutschen Sachbuchpreises 2023 stand.

Clemens Meyer, geboren 1977 in Halle/Saale, lebt in Leipzig. 2006 erschien sein Debütroman *Als wir träumten*,
es folgten *Die Nacht, die Lichter. Stories* (2008), *Gewal-
ten. Ein Tagebuch* (2010), der Roman *Im Stein* (2013)
sowie die Frankfurter Poetikvorlesungen *Der Untergang
der Äkschn GmbH* (2016). Für sein Werk erhielt Clemens Meyer zahlreiche Preise, darunter den Preis der

Leipziger Buchmesse. *Im Stein* stand auf der Shortlist für den Deutschen Buchpreis, wurde mit dem Bremer Literaturpreis ausgezeichnet und für den Man Booker International Prize 2017 nominiert. *Als wir träumten* wurde für das Kino verfilmt sowie *In den Gängen* nach einer Erzählung von Clemens Meyer, beide Filme liefen im Wettbewerb der Berlinale. Zuletzt erschienen die Erzählungen *Die stillen Trabanten* (2017) und *Stäube. Drei Erzählungen und ein Nachsatz* (2021).

Nils Minkmar, 1966 in Saarbrücken geboren, hat einen deutschen und französischen Pass. Seine Großeltern lebten in Bordeaux. Er war Redakteur für die ZDF-Sendung *Willemsens Woche* und schrieb für beinahe alle wichtigen deutschen Zeitungen: *ZEIT*, *Frankfurter Allgemeine Sonntagszeitung*, *Frankfurter Allgemeine Zeitung* und *Der Spiegel*. Seit 2020 ist er freier Autor der *Süddeutschen Zeitung* und schreibt den sonntäglichen Newsletter »Der siebte Tag«. 2006, 2012 und 2017 wurde er als Kulturjournalist des Jahres ausgezeichnet. 2021 erhob ihn die französische Kulturministerin in den Rang eines Chevalier de l'Ordre des Arts et des Lettres. Er veröffentlichte drei Sachbücher bei S. Fischer und den Roman *Montaignes Katze*.

Nazih Musharbash, geboren 1946 in Amman/Jordanien, lebt seit 1965 in Deutschland. Er verbrachte seine Schulzeit bis zum Abitur in Bethlehem und Beit Jala (Palästina) im Internat der Evangelisch-Lutherischen Schulen. Er studierte und unterrichtete Chemie und Biologie und war bis zur Pensionierung Realschulrektor. Jahrelang war er bei der Bezirksregierung Weser-Ems

Fortbildungsbeauftragter und danach Koordinator für Schulentwicklung und Evaluation. Er ist seit 1986 Mitglied des Rates der Stadt Bad Iburg und war bis 2016 für 25 Jahre Abgeordneter im Kreistag des Landkreises Osnabrück. 1997 zog er als Nachrücker in den Niedersächsischen Landtag ein, dem er bis Ende März 1998 als Mitglied der SPD angehörte. Des Weiteren war er als Gründer bis zum 20. Juni 2018 Vorsitzender der Regionalgruppe Osnabrück der Deutsch-Palästinensischen Gesellschaft (DPG). Auf der Jahreshauptversammlung am 15. Juni 2018 wurde er als Nachfolger von Raif Hussein zum Präsidenten der Deutsch-Palästinensischen Gesellschaft gewählt. Musharbash bereist regelmäßig die Nahost-Länder und setzt sich für die Einhaltung der Menschenrechte überall ein.

Oliver Nachtwey, geboren 1975, ist Professor für Sozialstrukturanalyse am Fachbereich Soziologie der Universität Basel. Für sein Buch *Die Abstiegsgesellschaft* wurde er 2017 mit dem Hans-Matthöfer-Preis für Wirtschaftspublizistik ausgezeichnet. Zuletzt erschien zusammen mit Carolin Amlinger *Gekränkte Freiheit. Aspekte des libertären Autoritarismus* (2022).

Necati Öziri, geboren 1988 im Ruhrgebiet, hat Philosophie, Germanistik und Neue Deutsche Literatur in Bochum, Istanbul und Berlin studiert. Als Theaterautor schreibt er für das Maxim Gorki Theater, das Nationaltheater Mannheim und das Schauspielhaus Zürich. Bei den 45. Tagen der deutschsprachigen Literatur (Ingeborg-Bachmann-Preis) gewann er den Kelag-Preis und den Publikumspreis. 2023 veröffentlichte Öziri den

Roman *Vatermal*, der auf die Shortlist des Deutschen Buchpreises gewählt wurde.

Nadine Olonetzky, geboren 1962 in Zürich, ist Autorin, Redakteurin und Herausgeberin. Sie schreibt für diverse Verlage und Publikationen zu Themen aus Fotografie, Kunst und Kulturgeschichte, hat Sachbücher und literarische Bücher geschrieben sowie zahlreiche Fotobücher herausgegeben und Auszeichnungen erhalten. Nadine Olonetzky lebt in Zürich. Sie ist Mitglied von Kontrast und Projektleiterin/Lektorin im Schweizer Verlag Scheidegger & Spiess. 2020 fand sie heraus, dass der jüdische Teil ihrer Familie mit der Bundesrepublik Deutschland jahrzehntelang um Entschädigung rang. 2024 erscheint ihr Buch *Wo geht das Licht hin, wenn der Tag vergangen ist.*

Ronya Othmann wurde 1993 in München geboren und lebt in Leipzig. Sie erhielt u. a. den MDR-Literaturpreis, den Caroline-Schlegel-Förderpreis für Essayistik, den Lyrik-Preis des Open Mike, den Gertrud-Kolmar-Förderpreis und den Publikumspreis des Ingeborg-Bachmann-Wettbewerbs. 2018 war sie in der Jury des Internationalen Filmfestivals in Duhok in der Autonomen Region Kurdistan, Irak, und schrieb bis August 2020 für die *taz* gemeinsam mit Cemile Sahin die Kolumne »OrientExpress« über Nahost-Politik. Seit 2021 schreibt sie für die *Frankfurter Allgemeine Sonntagszeitung* die Kolumne »Import Export«. Bei Hanser erschienen zuletzt ihr Debütroman *Die Sommer* (2020), für den sie mit dem Mara-Cassens-Preis ausgezeichnet wurde, und der Gedichtband *die verbrechen* (2021), für den sie den

Orphil-Debütpreis und den Düsseldorfer PoesieDebüt-Preis erhielt.

Sharon Dodua Otoo (* 1972 in London) ist Schriftstellerin, politische Aktivistin und Herausgeberin der englischsprachigen Buchreihe »Witnessed« (edition assemblage). Ihre ersten Novellen *die dinge, die ich denke, während ich höflich lächle* und *Synchronicity* erschienen zuletzt 2017 beim S. Fischer Verlag. Mit dem Text »*Herr Gröttrup setzt sich hin* gewann Otoo 2016 den Ingeborg-Bachmann-Preis. 2020 hielt sie die Klagenfurter Rede zur Literatur *Dürfen Schwarze Blumen Malen,* die im Verlag Heyn erschien. Politisch aktiv ist Otoo bei der Initiative Schwarze Menschen in Deutschland e. V., Phoenix e. V. und ist verbunden mit dem Schwarzen queerfeministischen Verein ADEFRA. *Adas Raum,* ihr erster Roman, erschien 2021 im S. Fischer Verlag. 2022 erschien *Gesammeltes Schweigen* (Edition Zweifel), eine gemeinsame Publikation mit Heinrich Böll, sowie der Band *Herr Gröttrup setzt sich hin. Drei Texte* im S. Fischer Verlag. Sie lebt mit ihrer Familie in Berlin und war im März 2022 Schroeder Writer-in-Residence an der Universität Cambridge.

Ulrich Peltzer, geboren 1956 in Krefeld, studierte Philosophie und Psychologie in Berlin, wo er seit 1975 lebt. Er veröffentlichte die Romane *Die Sünden der Faulheit* (1987), *Stefan Martinez* (1995), »*Alle oder keiner*« (1999), *Bryant Park* (2002), *Teil der Lösung* (2007) und *Das bist du* (2021) sowie die Frankfurter Poetikvorlesungen *Angefangen wird mittendrin* (2011). Sein Werk wurde mit zahlreichen Preisen ausgezeichnet, unter anderem dem Preis der SWR-Bestenliste, dem Berliner Literaturpreis und dem Heinrich-Böll-Preis. Zuletzt erschien der Roman *Das bessere Leben* (2015), der auf der Shortlist des Deutschen Buchpreises stand und unter anderem mit dem Marieluise-Fleißer-Preis, dem Peter-Weiss-Preis und dem Franz-Hessel-Preis geehrt wurde. 2024 erscheint sein neuer Roman *Der Ernst des Lebens*.

Katerina Poladjan wurde in Moskau geboren, wuchs in Rom und Wien auf und lebt in Deutschland. Sie schreibt Theatertexte und Essays, auf ihr Prosadebüt *In einer Nacht, woanders* folgte *Vielleicht Marseille*, und gemeinsam mit Henning Fritsch schrieb sie den literarischen Reisebericht *Hinter Sibirien*. Sie war für den Alfred-Döblin-Preis nominiert wie auch für den European Prize of Literature und nahm 2015 bei den Tagen der deutschsprachigen Literatur in Klagenfurt teil. Für *Hier sind Löwen* erhielt sie Stipendien des Deutschen Literaturfonds, des Berliner Senats und von der Kulturakademie Tarabya in Istanbul. 2021 wurde sie mit dem Nelly-Sachs-Preis der Stadt Dortmund ausgezeichnet. Mit *Zukunftsmusik* stand Katerina Poladjan auf der Shortlist für den Preis der Leipziger Buchmesse 2022 und wurde mit dem Rheingau Literatur Preis 2022 ausgezeichnet.

Theresia Prammer, geboren 1973, arbeitet vorwiegend als Übersetzerin aus dem Italienischen und Französischen sowie als Wissenschaftlerin der deutschen und italienischen Literatur. Theresia Prammer lebt in Berlin und Bologna. Studium der Romanistik in Wien. Beiträge und Essays zur Gegenwartslyrik und zur literarischen Übersetzung. Herausgeberin von Anthologien und Dossiers.

Zahlreiche Auszeichnungen, zuletzt 2022 Österreichischer Staatspreis für literarische Übersetzung. Seit Februar 2008 Herausgeberin der Internet-Anthologie *italo. log* (http://www.satt.org/italo-log, zus. mit Roberto Galaverni), Buchpublikationen als Autorin: *Lesarten der Sprache. Andrea Zanzotto in deutschen Übersetzungen* (2005); *Übersetzen, Überschreiben, Einverleiben* (2009) und zusammen mit Ann Cotten und Monika Rinck *Fährten. Drei Texte zu Fernand Deligny* (2018), als Herausgeberin zuletzt *Der Ort des Schreibens findet statt: Begegnungen mit Oskar Pastior* (2019).

Andreas Reckwitz, geboren 1970, ist Professor für Allgemeine Soziologie und Kultursoziologie an der Humboldt-Universität zu Berlin. Sein Buch *Die Gesellschaft der Singularitäten* wurde 2017 mit dem Bayerischen Buchpreis ausgezeichnet und stand 2018 auf der Shortlist des Sachbuchpreises der Leipziger Buchmesse. 2019 erhielt er den Leibniz-Preis der Deutschen Forschungsgemeinschaft. Zuletzt erschienen *Das Ende der Illusionen. Politik, Ökonomie und Kultur in der Spätmoderne* (2019) und zusammen mit Hartmut Rosa *Spätmoderne in der Krise. Was leistet die Gesellschaftstheorie?* (2021).

Katja Riemann ist eine der bekanntesten deutschen Schauspielerinnen. Sie ist seit 2000 UNICEF-Botschafterin, unterstützt unter anderem »Plan International« und »Amnesty International« und setzt sich ein für eine offene Gesellschaft und Menschenrechte, besonders für die von Mädchen und Frauen. Für ihr Engagement erhielt sie 2010 das Bundesverdienstkreuz am Band und 2016 den Bad Iburger Courage-Preis. Zuletzt erschienen

Jeder hat. Niemand darf. Projektreisen. 2024 erscheint ihr neues Buch *Zeit der Zäune. Orte der Flucht.*

Monika Rinck, geboren 1969 in Zweibrücken, Studium der Religionswissenschaft, Geschichte und Vergleichenden Literaturwissenschaft, lebt als Autorin in Berlin. Sie veröffentlichte u. a. *Begriffsstudio 1996–2001, Ah, das Love-Ding!* (2006), *zum fernbleiben der umarmung* (2007), *Helm aus Phlox* (2011; gemeinsam mit Ann Cotten, Daniel Falb, Hendrik Jackson und Steffen Popp), *Honigprotokolle* (2012), *Risiko und Idiotie* (2015) und *Champagner für die Pferde. Ein Lesebuch* (2019). Für ihre literarischen Arbeiten wurde Monika Rinck u. a. mit dem Ernst-Meister-Preis 2008, dem Georg-K.-Glaser-Preis 2010, dem Kunstpreis Berlin, Literatur 2012, dem Peter-Huchel-Preis 2013, dem Kleist-Preis 2015 und dem Ernst-Jandl-Preis 2017 ausgezeichnet.

Kathrin Röggla, geboren 1971 in Salzburg, arbeitet als Prosa- und Theaterautorin und entwickelt Radiostücke. Für ihre literarischen Arbeiten wurde sie mit zahlreichen Literaturpreisen ausgezeichnet, u. a. mit dem Preis der SWR-Bestenliste (2004), dem Arthur-Schnitzler-Preis (2012) und dem Wortmeldungen-Literaturpreis (2020). Sie veröffentlichte unter anderem die Prosabücher *Niemand lacht rückwärts, Abrauschen, Irres Wetter, really ground zero, wir schlafen nicht, die alarmbereiten* (2010), *Nachtsendung. Unheimliche Geschichten* (2016) sowie gesammelte Essays und Theaterstücke unter dem Titel *besser wäre: keine* (2013). Sie ist seit 2015 Vize-Präsidentin der Akademie der Künste in Berlin und seit 2020 Professorin für Literarisches Schreiben an der

Kunsthochschule für Medien in Köln. Ihr Roman *Laufendes Verfahren* stand auf der Longlist für den Deutschen Buchpreis 2023.

Gilda Sahebi, im Iran geboren und in Deutschland aufgewachsen, ist ausgebildete Ärztin und studierte Politikwissenschaftlerin. Sie arbeitet als freie Journalistin mit den Schwerpunkten Antisemitismus und Rassismus, Frauenrechte, Naher Osten und Wissenschaft. Sie ist Autorin für die *taz* und den *Spiegel* und arbeitet unter anderem für die ARD. Seit dem Tod von Jina Mahsa Amini und der darauffolgenden Protestbewegung berichtet sie unermüdlich über die Geschehnisse im Iran. Über ihre Social-Media-Kanäle und als Gesprächspartnerin in diversen Talkshows erklärt sie und ordnet ein. Damit zählt sie zu den wichtigen Stimmen über den Iran. Der *Focus* ernannte sie 2022 zu einer der »100 Frauen des Jahres«, das *Medium Magazin* zur Journalistin des Jahres in der Rubrik Politik. 2023 erschien ihr Buch »*Unser Schwert ist Liebe*« *Die feministische Revolte im Iran*. Gilda Sahebi lebt in Berlin.

Joachim Sartorius, geboren 1946 in Fürth, wuchs in Tunis auf und lebt heute in Berlin und Syrakus. Von 2000 bis 2011 war er Intendant der Berliner Festspiele. Er veröffentlichte acht Gedichtbände, zuletzt *Wohin mit den Augen* (2021), und die Reiseerzählungen *Die Prinzeninseln* (2009), *Mein Zypern* (2013) und *Die Versuchung von Syrakus* (2023) und ist Herausgeber der Werkausgaben von Malcolm Lowry und William Carlos Williams sowie mehrerer Anthologien. Für sein Gesamtwerk erhielt er 2019 den August-von-Platen-Preis.

Anna Yeliz Schentke ist 1990 in Frankfurt geboren, aufgewachsen und lebt auch heute dort. Das letzte Mal in Istanbul war sie Ende 2015. Im Frühjahr 2020 nahm sie an der Schreibwerkstatt der Jürgen Ponto-Stiftung teil und stand im Herbst 2020 auf der Shortlist des Wortmeldungen-Förderpreises. Ihr Debütroman *Kangal* (2022) stand auf der Longlist des Deutschen Buchpreises 2022 und wurde mit dem Förderpreis des Friedrich-Hölderlin-Preises der Stadt Bad Homburg 2023 ausgezeichnet.

Ferdinand Schmalz, geboren 1985 in Graz, aufgewachsen in Admont in der Obersteiermark, erhielt gleich mit seinem ersten Theaterstück *am beispiel der butter* 2013 den Retzhofer Dramapreis und wurde zum Nachwuchsdramatiker des Jahres gewählt. Sein Stück *jedermann (stirbt)* wurde am Burgtheater uraufgeführt und mit dem Nestroy-Theaterpreis ausgezeichnet. 2017 nahm er an den Tagen der deutschsprachigen Literatur teil und gewann mit einem Auszug aus *Mein Lieblingstier heißt Winter* den Ingeborg-Bachmann-Preis. 2021 erschien sein gleichnamiger Debütroman, der auf der Longlist des Deutschen Buchpreises sowie auf der Shortlist des Österreichischen Buchpreises 2021 stand. Ferdinand Schmalz lebt in Wien.

Jan Schomburg, geboren 1976, ist Filmemacher und Schriftsteller. Er inszenierte preisgekrönte Kinofilme und schrieb Drehbücher, etwa zu *Vor der Morgenröte* und *Ich bin dein Mensch*, beide zusammen mit Maria Schrader. 2017 erschien sein Romandebüt *Das Licht und die Geräusche* – »unaufgeregt, besonders, wirklich zeitgemäß« fand es Helene Hegemann in *Die Welt*. 2024 erscheint sein zweiter Roman *Die Möglichkeit eines Wunders*. Jan Schomburg lebt in Berlin.

Maria Schrader, 1965 in Hannover geboren, ist eine deutsche Schauspielerin, Drehbuchautorin und Regisseurin, die 2020 einen Emmy Award als »Beste Regisseurin einer Miniserie« für die Netflix-Produktion *Unorthodox* erhielt. Ihr Debüt als Filmschauspielerin gab Schrader im Jahr 1989 mit dem Film *RobbyKallePaul* von Regisseur Dani Levy. Er besetzte die Schauspielerin in zahlreichen weiteren Produktionen, etwa in *I was on Mars* (1992) oder *Meschugge* (1998). Bei letzterem Film arbeitete Schrader als Co-Autorin mit und konnte sich zudem erste Sporen als Regisseurin verdienen. Zu weiteren bedeutenden Filmen der Schauspielerin zählen u. a. *Bin ich schön?* (1998) von Doris Dörrie und *Aimée und Jaguar* (1999). Bis zu ihrer ersten vollständigen Regiearbeit dauerte es bis ins Jahr 2005. Damals nahm sie sich der Verfilmung des Buchs *Liebesleben* von Zeruya Shalev an, die 2007 ins Kino kam. Ebenfalls Regie führte Schrader bei der 2016 erschienenen deutsch-französisch-österreichischen Koproduktion *Vor der Morgenröte*. Seit 2015 wirkt Schrader als Figur Lenora Rauch in der Serie *Deutschland* in einer tragenden Rolle mit. Schrader lebt in Berlin.

Helga Schubert, geboren 1940 in Berlin, war Psychotherapeutin und Schriftstellerin in der DDR. Nach zahlreichen Buchveröffentlichungen zog sie sich aus der literarischen Öffentlichkeit zurück, bis sie 2020 mit der Geschichte *Vom Aufstehen* den Ingeborg-Bachmann-Preis gewann.

Der gleichnamige Erzählband erschien 2021 und war für den Preis der Leipziger Buchmesse nominiert.

Katharina Schultens, geboren 1980, arbeitete ab 2006 im Wissenschaftsmanagement, ab 2012 in Führungspositionen. Im September 2022 übernahm sie die Leitung des »Haus für Poesie« in Berlin. Seit 2004 veröffentlichte sie vier Lyrikbände sowie mehrere Essays; ihre Arbeiten wurden vielfach ausgezeichnet. Sie ist Mitglied der Akademie der Künste und lebt in Berlin.

Ingo Schulze wurde 1962 in Dresden geboren und lebt in Berlin. Nach dem Studium der klassischen Philologie in Jena arbeitete er zunächst als Schauspieldramaturg und Zeitungsredakteur. Bereits sein erstes Buch *33 Augenblicke des Glücks* (1995) wurde mit Begeisterung aufgenommen. *Simple Storys* (1998) wurde ein spektakulärer Erfolg und ist Schullektüre. Es folgten das Opus magnum *Neue Leben* (2005), die Erzählungen *Handy* (2007) und *Orangen und Engel* (2010) sowie die Romane *Adam und Evelyn* (2008) und *Peter Holtz. Sein glückliches Leben erzählt von ihm selbst* (2017), für den Ingo Schulze mit dem Rheingau Literatur Preis ausgezeichnet wurde und der auf der Longlist des Deutschen Buchpreises stand. Zudem veröffentlichte Ingo Schulze Essays und Reden, darunter *Unsere schönen neuen Kleider* (2012), sowie das Künstlerbuch *Einübung ins Paradies* (2016). 2020 erschien der Roman *Die rechtschaffenen Mörder*, der für den Preis der Leipziger Buchmesse nominiert war. Am 1. Oktober 2020 wurde Ingo Schulze mit dem Verdienstorden der Bundesrepublik Deutschland für sein Engagement als politischer Autor und

Künstler ausgezeichnet. 2022 erschien *Der Amerikaner, der den Kolumbus zuerst entdeckte ...* Schulzes Werk wurde mit internationalen Preisen ausgezeichnet und ist in 30 Sprachen übersetzt.

Annette Simon, Jahrgang 1952, Tochter von Christa Wolf, ist Psychologin und Psychoanalytikerin. Nach dem Einmarsch der Warschauer-Pakt-Staaten in Prag wurde sie Mitglied verschiedener oppositioneller Gruppen in der DDR, 1989 im »Neuen Forum«. Seit 1991 beschäftigt sich Annette Simon in ihrer Praxis und als Autorin mit der ostdeutschen Mentalität, Identität und den psychosozialen Prozessen der Vereinigung sowie der Auseinandersetzung mit dem ostdeutschen Rechtsradikalismus. Ihre Bücher wie *Bleiben will ich, wo ich nie gewesen bin. Versuch über ostdeutsche Identitäten* (2009, 2020) zeigen Simons unaufhörliche Reflexion ihres Berufs und seiner besonderen Stellung in der Gesellschaft.

Jana Simon, geboren 1972 in Potsdam, schreibt für die *ZEIT* über IS-Rückkehrer, die AfD und globale Friedensvermittler und hat den Fall Dieter Wedel, dem mehrere Frauen sexuelle Belästigung vorwerfen, mit aufgedeckt. Bekannt ist sie für ihre einfühlsamen Porträts und Reportagen, die durch ihre Intensität beeindrucken. Von 1998 bis 2004 war sie Reporterin beim *Tagesspiegel*. Seit 2004 ist Simon Autorin bei der *ZEIT* in Berlin. Für ihre Reportagen erhielt sie zahlreiche Preise, u.a. den Theodor-Wolff-Preis, den Axel-Springer-Preis und den Deutschen Reporterpreis 2015, 2018 und 2020. Vom *medium magazin* ist sie in der Kategorie »Reportage« zur Journalistin des Jahres 2018 gewählt worden. Ihr Buch *Sei* *dennoch unverzagt. Gespräche mit meinen Großeltern Christa und Gerhard Wolf* (2013) war ein Bestseller. Zuletzt erschien *Unter Druck. Wie Deutschland sich verändert* (2019).

Thomas Sparr, 1956 in Hamburg geboren, ist Autor, Literaturwissenschaftler und Verlagslektor. Nach dem Studium der Literaturwissenschaft und Philosophie in Marburg, Hamburg und Paris war er von 1986 bis 1989 an der Hebräischen Universität in Jerusalem tätig, anschließend im Deutschen Literaturarchiv in Marbach. Von 1990 bis 1998 leitete er den Jüdischen Verlag, war Cheflektor des Siedler Verlags und arbeitet heute im Suhrkamp Verlag als Editor-at-Large. 2018 erschien *Grunewald im Orient. Das deutsch-jüdische Jerusalem,* 2020 *Todesfuge. Biographie eines Gedichts* und 2021 *Hotel Budapest, Berlin … Von Ungarn in Deutschland,* zuletzt 2023 *»Ich will fortleben, auch nach meinem Tod« Die Biographie des Tagebuchs der Anne Frank.* Er lebt in Berlin.

Daniel Speck, 1969 in München geboren, führt uns mit seinen Romanen durch Epochen und Mentalitäten zu uns selbst. Auf Reisen findet er Geschichten, Orte und Menschen, deren Schicksale ihn zu Geschichten inspirieren. Der Autor studierte Filmgeschichte in München und verfasste Drehbücher, für die er mit dem Grimme-Preis und dem Bayerischen Fernsehpreis ausgezeichnet wurde. Seine Romane sind allesamt Bestseller und finden höchste Anerkennung bei Kritik und Leserschaft. *Bella Germania* wurde als Dreiteiler prominent verfilmt. Mit den Bestsellern *Piccola Sicilia* und *Jaffa Road* zeichnet Daniel Speck ein vielstimmiges Panorama und baut Brücken zwischen den Kulturen. Zuletzt erschien der Roman *Yoga Town*.

Arnold Stadler wurde 1954 in Meßkirch geboren. Er studierte katholische Theologie in München, Rom und Freiburg, anschließend Literaturwissenschaft in Freiburg, Bonn und Köln. Er lebt und schreibt in Berlin, in Sallahn unweit der Elbe und in Rast über Meßkirch. Arnold Stadler erhielt zahlreiche bedeutende Literaturpreise, darunter den Georg-Büchner-Preis. Zuletzt erschienen die Romane *Rauschzeit, Am siebten Tag flog ich zurück, Irgendwo. Aber am Meer* sowie der Künstleressay *Mein Leben mit Mark*.

Peter Stamm, geboren 1963, studierte einige Semester Anglistik, Psychologie und Psychopathologie und übte verschiedene Berufe aus, u. a. in Paris und New York. Er lebt in der Schweiz. Seit 1990 arbeitet er als freier Autor. Er schrieb mehr als ein Dutzend Hörspiele. Seit seinem Romandebüt *Agnes* 1998 erschienen acht weitere Romane, fünf Erzählungssammlungen und ein Band mit Theaterstücken, zuletzt die Romane *Weit über das Land, Die sanfte Gleichgültigkeit der Welt, Das Archiv der Gefühle* und *In einer dunkelblauen Stunde* sowie die Erzählung *Marcia aus Vermont*. Unter dem Titel *Die Vertreibung aus dem Paradies* erschienen seine Bamberger Poetikvorlesungen. *Die sanfte Gleichgültigkeit der Welt* wurde ausgezeichnet mit dem Schweizer Buchpreis 2018. 2024 erscheint seine Poetikvorlesung *Eine Fantasie der Zeit*.

Thomas von Steinaecker, geboren 1977 in Traunstein, wohnt in Augsburg. Er schreibt vielfach ausgezeichnete Romane, Graphic Novels sowie Hörspiele. Außerdem dreht er Dokumentarfilme u. a. zur Musik des 20. Jahrhunderts und zur Kulturgeschichte Deutschlands, für die er internationale Preise gewonnen hat. Zuletzt erschienen 2016 der Roman *Die Verteidigung des Paradieses*, der für den Deutschen Buchpreis nominiert war, 2021 das Sachbuch *Ende offen*, 2022 die Graphic Novel *Stockhausen: Der Mann, der vom Sirius kam* und 2023 der Roman *Die Privilegierten*.

Marlene Streeruwitz, in Baden bei Wien geboren, studierte Slawistik und Kunstgeschichte und begann als Regisseurin und Autorin von Theaterstücken und Hörspielen. Für ihre Romane erhielt sie zahlreiche Auszeichnungen, darunter zuletzt den Bremer Literaturpreis und den Preis der Literaturhäuser. Ihr Roman *Die Schmerzmacherin.* stand 2011 auf der Shortlist für den Deutschen Buchpreis. Zuletzt erschienen der Roman *Flammenwand.* (Longlist Deutscher Buchpreis 2019), die Breitbach-Poetikvorlesung *Geschlecht. Zahl. Fall.* (2021) sowie der Roman *Tage im Mai.* (2023).

Antje Rávik Strubel veröffentlichte u. a. die Romane *Unter Schnee* (2001), *Fremd Gehen. Ein Nachtstück* (2002), *Tupolew 134* (2004) sowie den Episodenroman *In den Wäldern des menschlichen Herzens* (2016). Ihr Werk wurde mit zahlreichen Preisen geehrt, ihr Roman *Kältere Schichten der Luft* (2007) war für den Preis der Leipziger Buchmesse nominiert und wurde mit dem Rheingau Literatur Preis sowie dem Hermann-Hesse-Preis ausgezeichnet, der Roman *Sturz der Tage in die Nacht* (2011) stand auf der Longlist des Deutschen Buchpreises. 2019 erhielt sie den Preis der Literaturhäuser. Ihr Roman *Blaue Frau* wurde mit dem Deutschen Buchpreis 2021 ausgezeichnet. Im Juli 2022 erschien der Essay-Band *Es hört nie auf, dass man etwas sagen muss.* Sie übersetzt aus dem Englischen und Schwedischen u. a. Joan Didion, Lena Andersson, Lucia Berlin und Virginia Woolf. Antje Rávik Strubel lebt in Potsdam.

Frank Trentmann, geboren 1965, ist Professor für Geschichte am Birkbeck College der University of London und an der Universität von Helsinki. Zuvor war er Assistant Professor an der Princeton University. Er erhielt mehrere Auszeichnungen, u. a. den Humboldt-Preis für Forschung der Alexander von Humboldt-Stiftung. Sein Buch *Herrschaft der Dinge. Die Geschichte des Konsums vom 15. Jahrhundert bis heute* wurde 2018 in Österreich als Wissenschaftsbuch des Jahres ausgezeichnet. Zuletzt erschien *Aufbruch des Gewissens. Eine Geschichte der Deutschen von 1942 bis heute.* Er studierte an der Universität Hamburg, der London School of Economics und der Harvard University. Frank Trentmann lebt in London.

Deniz Utlu, geboren 1983 in Hannover, studierte Volkswirtschaftslehre in Berlin und Paris. Von 2003 bis 2014 gab er das Kultur- und Gesellschaftsmagazin *freitext* heraus. Sein Debütroman *Die Ungehaltenen* erschien 2014 und wurde 2015 im Maxim Gorki Theater für die Bühne adaptiert. Von 2017 bis 2019 schrieb er für

den *Tagesspiegel* die Kolumne »Einträge ins Logbuch«.
2019 erschien sein zweiter Roman *Gegen Morgen* und
2023 sein dritter Roman *Vaters Meer*. Außerdem hat
er Theaterstücke, Lyrik und Essays verfasst (u. a. für
FAZ, SZ, Tagesspiegel und *Der Freitag*). Er forscht am
Deutschen Institut für Menschenrechte und veranstaltet
am Maxim Gorki Theater die Literaturreihe »Prosa der
Verhältnisse«. Für seine Arbeit wurde er vielfach ausgezeichnet, u. a. mit dem Alfred-Döblin-Preis und dem
Literaturpreis der Landeshauptstadt Hannover.

Joseph Vogl, geboren 1957 in Eggenfelden, war Professor
für Neuere deutsche Literatur, Literatur- und Kultur-
wissenschaft/Medien an der Humboldt-Universität zu
Berlin und Regular Visiting Professor an der Princeton
University. Sein Buch *Der Souveränitätseffekt* war 2015
für den Preis der Leipziger Buchmesse in der Kategorie
Sachbuch/Essayistik nominiert. Zuletzt erschien 2021
*Kapital und Ressentiment. Eine kurze Theorie der Ge-
genwart*. 2022 erhielt er den Günther Anders-Preis für
kritisches Denken.

Stephan Wackwitz, geboren 1952 in Stuttgart, verbrachte
26 Jahre im Ausland und lebt heute wieder in Berlin.
Neben zahlreichen Essays erschienen von ihm Romane
(*Die Wahrheit über Sancho Pansa, Walkers Gleichung*),
kulturhistorisch-autobiographische Bücher über Tokio,
Osteuropa und den Kaukasus sowie historisch-biogra-
phische Bücher über seinen Großvater (*Ein unsichtba-
res Land*) und seine Mutter (*Die Bilder meiner Mutter*).
2024 erscheint sein neues autobiographisches Buch *Geheimnis der Rückkehr. Sieben Weltreisen*.

Cécile Wajsbrot, 1954 geboren, lebt als Romanautorin, Übersetzerin aus dem Englischen (u. a. Virginia Woolf) und Deutschen (u. a. Marcel Beyer, Wolfgang Büscher) sowie als Essayistin in Paris und Berlin. Auf Deutsch u. a.: *Aus der Nacht* und *Nocturne*s. Ihre Romane thematisieren oftmals die Shoa in Deutschland und Frankreich sowie das daran anschließende Schweigen, dem sie das Erinnern entgegensetzt. Cécile Wajsbrot war 2007 Gast des Berliner Künstlerprogramms des DAAD. 2016 erhielt sie den Prix de l'Académie de Berlin. Sie ist Mitglied der Deutschen Akademie für Sprache und Dichtung und der Akademie der Künste.

Stefan Weidner, Jahrgang 1967, studierte Islamwissenschaften, Philosophie und Germanistik in Göttingen, Damaskus, Berkeley und Bonn. 2001–2016 Chefredakteur der Kulturzeitschrift *Art & Thought/Fikrun wa Fann*. Für seine Arbeit hat er u. a. den Clemens-Brentano-Preis, den Johann-Heinrich-Voß-Preis, und den Sheikh Hamad Award for Translation and International Understanding erhalten. Stefan Weidner lebt in Köln. Zuletzt erschienen *Jenseits des Westens. Für ein neues kosmopolitisches Denken* (2018), *1001 Buch. Die Literaturen des Orients* (2019) und *Ground Zero. 9/11 und die Geburt der Gegenwart* (2021).

Harald Welzer, geboren 1958, ist Sozialpsychologe. Er ist Direktor von FUTURZWEI. Stiftung Zukunftsfähigkeit und des Norbert-Elias-Centers für Transformationsdesign an der Europa-Universität Flensburg. In den Fischer Verlagen sind von ihm u. a. erschienen: *Zeiten Ende. Politik ohne Leitbild, Gesellschaft in Gefahr, Täter. Wie*

aus ganz normalen Menschen Massenmörder werden,
Klimakriege. Wofür im 21. Jahrhundert getötet wird,
Alles könnte anders sein. Eine Gesellschaftsutopie für
freie Menschen, Nachruf auf mich selbst. Die Kultur
des Aufhörens und – gemeinsam mit Richard David
Precht – *Die vierte Gewalt. Wie Mehrheitsmeinung ge-*
macht wird, auch wenn sie keine ist. Seine Bücher sind
in 21 Ländern erschienen.

Thomas Wild, geboren 1973 in München, lehrt als Professor für German Studies am Bard College, New York. Zu
seinen Veröffentlichungen zählen u. a. gesammelte Gedichte von Thomas Brasch *Was ich mir wünsche* (2005),
das Buch *Nach dem Geschichtsbruch: Deutsche Schrift-*
steller um Hannah Arendt (2009) und *ununterbrochen*
mit niemandem reden. Lektüren mit Ilse Aichinger
(2021). Thomas Wild ist Mitherausgeber der Kritischen
Gesamtausgabe der Schriften Hannah Arendts.

Klaus-Peter Wolf, 1954 in Gelsenkirchen geboren, lebt als
freier Schriftsteller in der ostfriesischen Stadt Norden.
Seine Bücher und Filme wurden mit zahlreichen Preisen
ausgezeichnet. Bislang sind seine Bücher in 26 Sprachen
übersetzt und über 14 Millionen Mal verkauft worden.
Mehr als 60 seiner Drehbücher wurden verfilmt, darunter viele für *Tatort* und *Polizeiruf 110.* Der Autor ist
Mitglied im PEN-Zentrum Deutschland. Die Romane
seiner Serie mit Hauptkommissarin Ann Kathrin Klaasen stehen regelmäßig mehrere Wochen auf Platz 1 der
Spiegel-Bestsellerliste, derzeit werden mehrere Bücher
der Serie prominent fürs ZDF verfilmt und begeistern
Millionen von Zuschauern.

Uljana Wolf, geboren 1979 in Berlin, wurde für ihr dichterisches und übersetzerisches Werk vielfach ausgezeichnet, u. a. mit dem Preis der Leipziger Buchmesse und zweimal mit dem Erlanger Preis für Poesie als Übersetzung. Zuletzt übertrug sie Don Mee Choi aus dem Englischen ins Deutsche (*DMZ Kolonie*, Spector Books 2023, Shortlist des Internationalen Literaturpreises des HKW).

Mehrdad Zaeri kam 1970 in Iran/Isfahan auf die Welt. Im Alter von vierzehn Jahren floh er mit seiner Familie über die Türkei nach Deutschland. Seit 2006 arbeitet er als Buchillustrator, Live-Performance-Zeichner und Geschichtenerzähler im deutschsprachigen Raum. 2016 gründete er mit seiner Lebenspartnerin Christina Laube das »Duo Sourati«, um Zeichnungen in XXL-Format an Fassaden von großen Häusern zu sprühen.